Hartmut Schickert
Der kleine wissenschaftliche
Weihnachtsbegleiter

SERIE PIPER

Zu diesem Buch

Hier ist endlich der Weihnachtsbegleiter für alle, die sich nicht von Zimtsternen, Glühwein und Mandelgebäck beirren lassen, sondern die wahren Hintergründe der Heiligen Drei Könige, des Lametta-Recyclings oder der Mittwinterzeit wissen wollen und endlich über das Phänomen des Pistenschrecks (Homo horribilis schneeschuhensis) und die Thermopholie aufgeklärt werden wollen. Mit Witz und Charme gibt Hartmut Schickert in vierundzwanzig ernsten und manchmal nicht ganz so ernsten – aber immer wissenschaftlichen – Kapiteln von A wie Advent über V wie Völlegefühl bis zu Z wie Zyzolotl Antworten auf alle nie hinterfragten Begleiterscheinungen der Advents- und Weihnachtszeit und macht auch vor Engelshaar, Kaufrausch und Unbefleckter Empfängnis nicht halt.

Hartmut Schickert, geboren 1950, hat viele Jahre lang als Lektor für namhafte populärwissenschaftliche Verlage gearbeitet, sein besonders Interesse gilt der Hirnforschung und der Astrophysik. Er lebt heute als freier Wissenschaftspublizist, Übersetzer und Fotograf mit dem Spezialgebiet Archäologie in Stuttgart.

Hartmut Schickert

Der kleine wissenschaftliche Weihnachtsbegleiter

Mit 12 Abbildungen

Piper München Zürich

Weihnachtsbegleiter in der Serie Piper:
Der kulinarische Weihnachtsbegleiter (2543)
Der kleine wissenschaftliche Weihnachtsbegleiter (2544)
Der kleine Weihnachtsbegleiter (3822)

Originalausgabe
1. Auflage November 1997
4. Auflage Oktober 2003

Umschlag/Bildredaktion: Büro Hamburg
Isabel Bünermann, Julia Martinez/
Charlotte Wippermann, Kathrin Hilse
Foto Umschlagvorderseite: Garry Gay/Image Bank
Redaktion: Birgit Brandau/agens Redaktionsservice, Stuttgart
Satz und Graphik: Jürgen Rothfuß, Neckarwestheim
Druck und Bindung: Clausen & Bosse, Leck
Printed in Germany ISBN 3-492-22544-6

www.piper.de

Inhalt

Vorwort

Schon wieder Weihnachten! Nicht jeder genießt die Adventszeit. Berge von rauschebärtig-stanniolverpackten Schokoladenguß-Hohlkörpern und Pyramiden von zuckergußglasierten saisonalen Dauerbackwaren versperren sämtliche Supermarkt-Gänge. Die Fußgängerzonen sind mit Glühweinständen und Buden voller Kitsch verstopft. Aus allen Kaufhauslautsprechern dringen wabernd-unscharfe, aber nicht weniger nervtötende Fassungen von »Stille Nacht« und »Jingle Bells«. Trotz Grippe- und Erkältungswellen bewegt man sich nur noch in dichtgedrängten Pulks: Entnervte, schwerbepackte Menschen hetzen stieren Blicks in Massen durch die Straßen. In Firmen, Vereinen und Altersheimen jagt eine Weihnachtsfeier die nächste. Nur am Fest selbst sind die Alten dann allein. Der Postverkehr bricht zusammen, kein Brief, kein Paket kommt mehr pünktlich an. Audiovisuelle wie Print-Medien setzen auf Sentimentales und starten Großangriffe auf die Tränendrüsen. Freunde und Verwandte, ja sogar geliebte Partner sind nicht wiederzuerkennen: Anfälle von Gefühlsduselei und Harmoniesucht machen sie uns fremd. Und über allem schwebt das Damoklesschwert der quälenden Frage: Was schenke ich den Lieben und auch den weniger Lieben denn bloß dieses Jahr?

Alljährlich bricht der Adventsstreß wie eine Naturgewalt über uns herein. Da heißt es Ruhe bewahren, cool bleiben. Den ubiquitär hochkochenden Emotionen entgegenwirken. Die Sache mit kühlem Kopf und wachem Geist angehen. Objektiv. Wissenschaftlich. Dem klaren Verstand ist dieses Brevier gewidmet. Es analysiert, alphabetisch sortiert und in numerisch logische 24 Kapitel gegliedert, zahlreiche Adventsphänomene schonungslos, kritisch und weltoffen, auf daß die geneigten Leserinnen und Leser diese nikolausige Zeit unbeschadet und souverän überstehen. Also: in aller Ruhe weiterblättern!

1

Advent (von lateinisch *adventus*, Ankunft): Buß- und Vorbereitungszeit auf das Fest der Geburt Christi (vulgo: Weihnachten), die im Osten bereits um 400, im Abendland dann vom 5. und 6. Jahrhundert an eingehalten wurde. Während sie in manchen Gebieten nur die beiden letzten Sonntage vor Weihnachten umfaßte, erstreckte sie sich andernorts auf bis zu sieben Sonntage. Die Festlegung auf vier Sonntage erfolgte unter Papst Gregor dem Großen (590–604), im deutschsprachigen Raum wurde sie auf dem Konzil zu Aachen 826 eingeführt.

Traditionell war es eine Zeit des Fastens (die in der Ostkirche schon am 14. November begann), eine Zeit ohne Tanzfeste und Hochzeiten. Im Westen begann sie am 25. November, dem Tag der heiligen Katharina (»Sankt Kathrein sperrt Pfeifen und Geigen ein«), oder am 26. November: Mancherorts, beispielsweise im Kanton Luzern, wurde am 25. November noch einmal besonders ausgiebig zum Tanz aufgespielt.

In der Ostkirche wird (angeblich) das Fasten noch weitgehend eingehalten; wenn man sich so bei uns umsieht, ist das wohl weniger der Fall. Offiziell gelten im Alpenraum häufig noch der 23. oder der 24. Dezember (bis nach der Mitternachtsmesse) als Fasttage.

Die heutige Adventszeit beginnt frühestens am 27. November (wenn der 25. Dezember ein Sonntag ist) und spätestens am 3. Dezember (dann fallen der 4. Advent und Heiligabend auf denselben Tag). Mit dem Advent beginnt auch das liturgische oder Kirchenjahr.

Aus theologischer Sicht sollte es die stillste Zeit im Jahr sein, eine Periode der Buße und Einkehr. Büßen tun die meisten von uns jedoch nur noch mit dem Brummschädel nach dem »Jagatee« oder dem pappsüßen Weihnachtsmarkt-Glühwein, und Einkehr wird bloß noch in die Wirtschaft gehalten (oder ins Sterne-Restaurant, was mit dem Stern von Bethlehem rein gar nichts zu tun hat).

Und von wegen Stille: Der Advent hat sich in unserem Jahrhundert fraglos zur hektischsten Zeit des Jahres entwickelt. Manch einer sehnt sich unter diesem Aspekt vielleicht nach der alten Dauer von sieben Wochen zurück, um ein bißchen mehr Ruhe in die Vorbereitungen zu bringen. Das gleiche wünschen sich sicherlich die Heranwachsenden, die trotz rechtzeitiger Ermahnungen durch erwachsene Bezugspersonen immer erst im Advent beginnen, zwei oder auch drei Weihnachtslieder mit der → Blockflöte oder auf dem Klavier zu üben, und deren Spiel deutlich anzuhören ist, daß drei Wochen mehr Training ihnen gutgetan hätten.

Adventskalender: Der erste gedruckte Adventskalender erschien 1904 bei der Münchner Lithographischen Kunstanstalt. Die Idee dazu ist Gerhard Lang, einem der Firmengründer, beziehungsweise dessen Mutter zu verdanken. Der kleine Gerhard quälte sie ständig mit der Frage, wann denn nun endlich Weihnachten sei. Deshalb nahm sie kleine Schachteln, legte je ein Plätzchen hinein, versah sie mit Nummern und klebte sie auf einen Karton. Jeden Tag durfte Gerhard Lang ein Schächtelchen öffnen und das jeweilige Plätzchen essen.

Der erste Adventskalender, den man kaufen konnte, sah etwas anders aus als die uns heute geläufige Form mit den Türchen zum Aufklappen und den bunten Bildern dahinter. Er bestand aus zwei gleich großen Kartonblättern. Das eine Blatt war mit erbaulichen Sprüchen bedruckt, das andere mit bunten Bildern. Von diesen wurde jeden Tag eins ausgeschnitten und auf den Spruch geklebt – der natürlich zuvor vorgelesen worden war.

Bei dieser Urform ist noch besonders deutlich, daß der Adventskalender nicht allein die lange Wartezeit auf das → Christkind versüßen sollte, sondern daß auch eine bestimmte pädagogische Absicht dahintersteht, nämlich »die Einteilung des Dezembers in sich steigernde Artigkeitsphasen«, wie es die Soziologin Ingeborg Weber-Kellermann treffend bezeichnet: Das brave Kind darf den Spruch überkleben, wenn es ihn intus hat.

Neu war diese Adventspädagogik nicht. Aus dem Alpenraum ist der Brauch der Klausenhölzer überliefert. Ursprünglich wurden solche Stäbe zum Rechnen benutzt. In der Vorweihnachtszeit bekamen sie die Kinder, damit sie ihre Gebete und guten Taten in diesen Wochen darauf einkerben und so dem Weihnachtsmann ihre Bravheit deutlich sichtbar beweisen konnten. Bereits im Mittelalter kannte man solche Kerbhölzer in den Klosterschulen.

Noch einen Schritt weiter geht das Adventsknäuel, mit dem kleinen Mädchen die Zeit vor Weihnachten ordentlich versauert wurde. Es enthielt kleine Geschenke, an die sie nur herankamen, wenn sie jeden Tag eine entsprechende Portion Wolle verstrickten. Für ganze Generationen von Kindern dürfte eine so durchpädagogisierte Vorweihnachtszeit wohl eher mit dem Wunsch verbunden gewesen sein, sie möglichst schnell hinter sich zu bringen.

Adventskranz: Obwohl bereits aus dem 4. Jahrhundert überliefert ist, daß zur Feier der Geburt Christi die Häuser mit Kränzen geschmückt wurden, hat der heutige Adventskranz nur eine kurze Tradition. Als sein »Erfinder« gilt der evangelische Theologe und Begründer der Inneren Mission, Johann Hinrich Wichern. 1833 gründete er das Rauhe Haus in Hamburg, um gefährdete Jugendliche aufzunehmen. 1839 (ein Jahr, in dem der 1. Advent auf den 1. Dezember fiel) ließ er für die täglichen Andachten im Betsaal ein hölzernes Wagenrad aufhängen, das mit 23 Kerzen bestückt war: vier größeren weißen für die Adventssonntage und 19 kleineren roten für die übrigen Tage vor dem 24. Dezember. Jeden Tag kam eine neue Kerze hinzu. Das fand soviel Anklang, daß der Adventskranz in den folgenden Jahren zur Tradition im Rauhen Haus wurde. Von 1890 an wurde das Wagenrad zusätzlich mit grünen Zweigen geschmückt. Im selben Jahr führte Wichern den Adventskranz auch im Waisenhaus von Berlin-Tegel ein. Zunächst in Gestalt eines Kronleuchters, später als Tannenkranz mit vier Kerzen.

Als zweiter »Vater« des Adventskranzes gilt ein Pastor in Pommern, der um 1870 an den Adventssonntagen jeweils eine neue Kerze entzündete, anfangs auf einem Weihnachtsbaum, später auf einem hängenden Kranz. Dieser Brauch verbreitete sich zuerst nur im protestantischen Norden Deutschlands, wo vor allem auf die Familie bezogene Adventssitten gepflegt wurden. Erst seit Ende des Ersten Weltkriegs ist der Adventskranz auch in Süddeutschland, Österreich und in der Schweiz zu finden. Wieder einmal ein Beleg dafür, daß nur die Profanisierung des Zivillebens die Gegensätze zwischen Katholizismus und Protestantismus egalisieren konnte (→ Weihnachtsbaum).

Alkohol: Das Wort stammt aus dem Arabischen: *Al-kuhl* bezeichnete zunächst ein kosmetisches Farbpulver, der Begriff wurde später auf viele durch Destillation gewonnene Substanzen übertragen. Im maurischen Spanien wurde daraus dann *alcohol*. Paracelsus prägte den Begriff *alcohol vini*, Essenz des Weins, für den Weingeist im engeren Sinn, und daraus resultiert die heutige umgangssprachliche Gleichsetzung von Alkohol mit Äthanol (siehe unten).

Chemisch betrachtet stellen die Alkohole gleich eine ganze Klasse von organischen Verbindungen dar. Gemeinsam ist diesen Kohlenwasserstoffverbindungen das charakteristische Merkmal, daß mindestens ein Wasserstoffatom an einem Kohlenstoffatom durch die Hydroxylgruppe –OH, also ein Sauerstoff- und ein Wasserstoffatom, ersetzt ist. Nach der Zahl der OH-Gruppen eines Moleküls unterscheidet man ein-, zwei-, drei- und mehrwertige Alkohole.

Die einwertigen oder primären Alkohole sind in unterschiedlichem Maß giftig; Methanol beispielsweise führt zur Erblindung. Sie werden vor allem in der Industrie als Lösungsmittel eingesetzt. Im Advent jedoch ist der Äthylalkohol, das Äthanol, von besonderem Interesse, denn es ist Grundbestandteil vieler vorweihnachtlicher Getränke wie zum Beispiel Punsch, Glühwein, Weihnachtsbock und so weiter.

Äthanol entsteht auf natürliche Weise durch alkoholische Gärung: Einzellige Sproßpilze, Hefe, wandeln anaerobisch die

Name	Formel	Schmelz-punkt	Siedepunkt	Dichte
Äthanol	C_2H_5OH	–114 °C	78,3 °C	0,806
Butylalkohol	C_4H_9OH	–90 °C	118,0 °C	0,825
Hexylalkohol	$C_6H_{13}OH$	–52 °C	157,0 °C	0,808
Methanol	CH_3OH	–97 °C	64,7 °C	0,810
Propyl-alkohol	C_3H_7OH	–127 °C	97,2 °C	0,819
Octanol	$C_8H_{17}OH$	–16 °C	195,0 °C	0,815

Die wichtigsten einwertigen Alkohole

Kohlehydrate des Ausgangsstoffs (zum Beispiel den Frucht- und Traubenzucker im Rebensaft) in Äthanol und Kohlendioxid um. Die chemische Strukturformel sieht so aus:

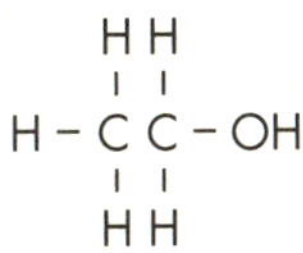

Da der Siedepunkt (siehe oben) von Äthanol niedriger ist als der von Wasser (100 °C), kann man durch Erhitzung eines Wasser-Alkohol-Gemischs (zum Beispiel Wein) auf 78,3 °C das Äthanol samt diverser aromatischer Beimischungen weitgehend vom Wasser trennen und so konzentrieren. Das Ergebnis dieses Destillationsprozesses sind die Spirituosen (etwa Cognac oder Grappa).

Bier hat 3–5% Äthanolgehalt, Wein 8–12%, Liköre 20–30%, Spirituosen (also Grappa, Obstler, Whisky und so weiter) 38–50%, Rum bis zu 80%.

In Blutkonzentrationen von rund 1‰ wirkt Äthanol stimulierend, ab circa 2‰ narkotisierend, ab 3‰ toxisch. Entsprechend fallen die Reaktionen der Probanden aus, die allabendlich im mutigen Selbstversuch in den Äthanol-Laboratorien (vulgo: Wirtshäusern) diese Promillespanne durchtesten.

Zunächst erfolgt eine allgemeine Steigerung der körperlichen Aktivität, die gekennzeichnet ist durch ausladende Gesten, Anheben der Stimme, gesteigertes sexuelles Verlangen, eine gewisse Enthemmung und die typische Logorrhöe (von griechisch *logos*, Wort, und Diarrhöe, Durchfall: krankhafte Geschwätzigkeit). Im nächsten, annarkotisierten Stadium folgen dann erste Bewußtseinstrübungen wie etwa Omnipotenzwahn (»Morjen sachich demm Scheff awwer meine Mei'ung!«), Wahnvorstellungen (»Du bissie schönnste Frau die isch genne!«) und anfallartig-zwanghaftes Absingen zweifelhaften Liedguts (»Frau Wirtin hat auch einen Bääär...«). Hinzu gesellen sich erhebliche sensorisch-motorische Ausfallerscheinungen wie Schwanken, Umstoßen oder Fallenlassen von Gläsern und der Verlust der Zielfähigkeit beim männlichen Uriniervorgang. Phonetisch ist dabei besonders auffallend, daß die stimmlosen bilabialen Plosiv- und sämtliche Frikkativlaute zu ihren stimmhaften Varianten vernuschelt, ja sogar ganze Konsonanten vergessen werden (»Gaal, noch swei Bills unn swei Dobbelgonn!«).

Im toxischen Stadium kommt es schließlich durch Vergiftung des Großhirns zu weitgehenden Ausfällen der zerebralen Steuerungsfunktionen: Beim Singen etwa führt der Verlust des Melodieführungspotentials zum äthanolischen Grölen; trotz alkoholinduziert gesteigerter Libido ist die (männliche) Sexualfunktion weitgehend außer Kraft gesetzt (was in einem merkwürdigen Gegensatz zum diesbezüglichen Omnipotenzwahn steht); das Sichten von albinösen Kleinnagern und das sturzmäßige Aufsuchen stabiler Seiten-, Rücken- oder Bauchlagen leiten dann über zum toxischen Endstadium, das durch nicht aufzuhaltende Narkolepsie (anfallartige Schlafsucht) gekennzeichnet ist.

Die Fähigkeit, ein Kraftfahrzeug zu führen, geht in der Bundesrepublik Deutschland laut dem dortigen Gesetzgeber übrigens bereits bei 1,1‰ absolut verloren. Fahren darf man aber schon lange vor Erreichen des voll stimulierten Stadiums nicht mehr. Die zum 1. Januar 1999 erfolgte Absenkung dieses Grenzwertes von 0,8‰ auf 0,5‰ sowie die anhaltenden Diskussionen, ob nicht 0,3‰ oder gar noch weniger anzuraten seien, lassen vermuten, daß die Deutschen immer schneller betrunken werden, was in Anbetracht geschrumpfter Privathaushaltetats zwar begrüßenswert sein könnte, weil der Rausch billiger wird, andererseits aber zu einer Konkurswelle bei den gastronomischen Betrieben führen dürfte.

Permanenter Äthanolabusus (Alkoholmißbrauch) führt zur alkoholischen Demenz, die gekennzeichnet ist durch Störungen der Intelligenz, des Langzeitgedächtnisses und der Merkfähigkeit, durch Verflachung der Persönlichkeit, soziale Auffälligkeit, Verlust der Anpassungsfähigkeit und Vergessen der Steuererklärung (sogenanntes Graf-Syndrom).

Im Körper wird das Äthanol hauptsächlich in der Leber enzymatisch über Acetaldehyd zu Essigsäure oxidiert; der Zwischenstoff ist ziemlich giftig; er bewirkt Chromosomenschäden und stört die Bildung des Testosterons (des männlichen Geschlechtshormons). Anhaltender Äthanolabusus führt durch Hemmung der Fettsäureoxidation zu einer Verfettung der Leberzellen mit der Sekundärfolge einer Alkoholhepatitis, einer meist chronischen Leberentzündung, die in eine Leberzirrhose übergehen kann. Die Therapie besteht in einer während der Adventszeit besonders schwer zu realisierenden Äthanolabstinenz. Übrigens entwickelt sich laut Zetkin-Schaldach die Alkoholhepatitis nicht bei allen chronischen Trinkern. Leider weiß man erst nach Einlieferung und medizinischer Diagnose, zu welcher Fraktion man gehört.

Andreastag (30. November): → Losnächte

2

***B*arbarazweige**: Alter Brauch aus dem Komplex des Zimmerschmückens mit immergrünen beziehungsweise, wie in diesem Fall, blühenden Zweigen (→ Adventskranz, Mistel, Weihnachtsbaum). Benannt nach der heiligen Barbara, einer Märtyrerin aus dem 3. Jahrhundert, die von ihrem Vater, der auch das Todesurteil gegen sie erwirkt hatte, persönlich hingerichtet wurde, weil sie Christin geworden war. Da der Vater daraufhin vom Blitz erschlagen wurde, gilt sie als Schutzpatronin gegen Blitz und Donner und wegen der naheliegenden akustischen Assoziation, man höre und staune, als Schutzheilige der Artillerie. Am Tag der heiligen Barbara, dem 4. Dezember, werden Blütenzweige geschnitten (Steinobst, Forsythien), in lauwarmes Wasser gelegt und am folgenden Tag in eine Vase gesteckt. Wenn sie bis zum 24. Dezember blühen, soll das ein gutes neues Jahr verheißen, was natürlich in den Bereich des unchristlichen Aberglaubens fällt (→ Losnächte). Theologisch wird der Brauch an sich (nicht seine Orakelfunktion) als Metapher für die bevorstehende Geburt Christi gerechtfertigt: »Es ist ein Ros' entsprungen/aus einer Wurzel zart…«

Bibel (von griech. *bíblos*, Buch): Statistisch neben dem Shell-Atlas und dem Dr.-Oetker-Schulkochbuch das häufigste Werk in deutschsprachigen Haushalten (und andernorts auch), wohl kaum aber das am häufigsten gelesene. Bestenfalls zu Ostern und zu Weihnachten wird in heutigen christlichen Familien mal ein Blick hineingeworfen, ansonsten bleibt übers Jahr das Buch der Bücher das verstaubteste der Bücher.

Dabei wissen viele gar nicht, wie spannend dieses (bibliographisch formuliert) Sammelwerk sein kann, wie ausdrucksstark seine archaische Sprache ist. Glauben muß man an das

Buch gar nicht, man kann es auch als eine interessante Kultur- und Sittengeschichte studieren. Das Alte Testament strotzt geradezu vor Sex & Crime, es steckt voller Hurerei, Vergewaltigung, Unzucht, Inzest, Mord, Brudermord, Verrat, Blutrache und vielem mehr, was die freiwillige Selbstkontrolle des Fernsehens wie des Kinos kaum passieren würde. Und das Hohelied Salomos ist einer der opulentesten, lyrischsten, schönsten und freizügigsten Lobgesänge auf die Liebe zwischen Mann und Frau, die die Literaturgeschichte kennt. Zum Beispiel: »Deine Brüste sind wie zwei Kitzlein,/wie die Zwillinge einer Gazelle,/die in den Lilien weiden./Wenn der Tag verweht und die Schatten wachsen/will ich zum Myrrhenberg gehen,/zum Weihrauchhügel…« (Hohelied 4,5–4,6).

Das Neue Testament, die einzige Quelle für das Ereignis, dessen an Weihnachten gedacht wird (→ Evangelien), fällt im Vergleich dazu stark ab: Gerade mal ein Kuß – wenn auch der abscheulichste der Weltgeschichte, der Judaskuß – und eine Kreuzigung, auch noch formaljuristisch abgesichert. Dafür die Frohe Botschaft. (Wer sagt denn, auf gute Nachrichten spezialisierte Medien seien eine Erfindung der Neuzeit?) Diese Frohe Botschaft allerdings begründete eine Religion, deren Anhänger sich seit nunmehr 2000 Jahren wieder genauso verhalten wie die Hauer und Stecher und Vergewaltiger des Alten Testaments. Daß die Spezies *Homo sapiens*, von der zwei Milliarden sich zum Christentum bekennen, sich nach wie vor gegenseitig umbringt, daran hat auch das Neue Testament, das Frieden und Liebe predigt, nichts ändern können.

Blockflöte: Beliebtes Instrument der Hausmusik in den unteren Einkommensschichten. Wird meist zu spät, erst kurz vor Weihnachten, hervorgekramt, wenn die Zeit zur qualifizierten Einstudierung festlichen Liedguts nicht mehr reicht und das Instrument daher von ungeübten Präpubertanden zur akustischen Folterung von Familienmitgliedern wie Nachbarn eingesetzt wird, überwiegend, indem durch ungewolltes oder absichtliches Überblasen Pfeiftöne hervorgebracht werden, die eher auf einen Güterbahnhof denn in die Adventszeit gehören. Glücklicherweise hat durch den Wechsel zur überschaubaren Ein-Kind-Familie gegen Ende des 20. Jahrhunderts der früher ubiquitäre Terror des multi-atonalen Mehrfachpfeiftons erheblich abgenommen.

Soviel zu den musiksoziologischen Aspekten. Instrumententechnisch betrachtet gehört die Blockflöte in die umfangreiche Gruppe der Blasinstrumente. (Die politischen Blockflöten, eine schon wieder aussterbende Neuentwicklung der zweiten Hälfte des 20. Jahrhunderts, gehören jedoch in die ebenfalls umfangreiche Gruppe der Pfeifen.) Alle Blasinstrumente benutzen zur primären Tonerzeugung einen Luftstrom, der durch Rückkopplungsprozesse eine von einem Rohr umschlossene Luftsäule in Eigenschwingung versetzt. Bei der konisch oder zylindrisch längsgebohrten Blockflöte geschieht das dadurch, daß der Luftstrom über den einen Windkanal bildenden Pflock (der dem Instrument seinen phonologisch mutilierten Namen gab) gegen die scharfe Kante des Labiums (»Lippe«) gelenkt wird. Die erzeugte Tonhöhe wird dadurch reguliert, daß die Länge der schwingenden Luftsäule und ihre Schwingungsform variiert werden, indem die seitlich angebrachten acht Grifflöcher mit den Fingerkuppen geöffnet beziehungsweise geschlossen werden. Beim verstärkten Anblasdruck, dem Überblasen, wird die Schwingungslänge schlagartig halbiert, wodurch sich die Frequenz verdoppelt. Da dies bei jeder der regulär erzeugbaren Frequenzen möglich ist, besteht technisch, nicht pädagogisch betrachtet die einzige Möglichkeit der Pfeiftonterror-Abwehr darin, die scharfe Kante des Labiums stumpf zu feilen (geht am besten mit Mutters Diamant-Nagelfeile). Leider kommt dann gar kein Ton mehr heraus, und es sind gruppendynamische Turbulenzen zu befürchten. → Chaostheorie

Bockbier: Untergärige Starkbiersorte (Stammwürzegehalt 16–18%, ergibt etwa 5–6% Alkohol), die von zahlreichen Brauereien während der Adventszeit in Form des Weihnachtsbocks angeboten wird. Für die Folgen überreichlichen Genusses → Alkohol, Flatulenz, Obesität.

Obwohl auf fast jedem Bockbier-Etikett ein Ziegenbock abgedruckt ist, hat das Bier mit Böcken rein gar nichts zu tun – und auch nicht mit deren vornehmster Tätigkeit, der man einem Gerücht postpubertärer Jungmannen zufolge nach dem Genuß der Bierspezialität besonders gut frönen kann.

Seinen Namen hat es vielmehr von der niedersächsischen Stadt Einbeck, wo man es zuerst braute. Dieses weit und breit begehrte »ainpöckisch« Bier gelangte 1614 erstmals nach München, wo es den bayerischen Namen »Oabockbier« erhielt, der zu »Bockbier« verschliffen wurde.

Da man Bier vor der Entwicklung technischer Kühlmöglichkeiten nur in der kalten Jahreszeit über größere Entfernungen transportieren konnte, fiel der Beginn der Starkbiersaison mancherorts in die Adventszeit, und so entstand die Tradition des Weihnachtsbocks.

Buchsbaum: Verschiedene Arten der zu den Buchsbaumgewächsen (Buxazeen) gehörenden Gattung *Buxus*. Der in West-, Mittel- und Südeuropa verbreitete Gemeine Buchsbaum, *Buxus sempervirens*, diente jahrzehntelang überwiegend als Einfassungspflanze auf Friedhöfen, was den ursprünglichen Sinngehalt der Pflanze ins Gegenteil verkehrt hat: Wie viele Immergrüne galt er einst als Symbol des Lebens und diente wie sie in der Weihnachtszeit als grüner Haus- und Raumschmuck (→ Mistel, Weihnachtsbaum).

Derzeit wird der Buchsbaum als Zierpflanze für Garten und Terrasse entdeckt, doch das ist eigentlich nur eine kleine Renaissance, denn schon in den künstlerisch gestalteten Gärten des Barock waren Buchsbäume sehr beliebt, weil sie sich gut zu dreidimensionalen Pflanzenskulpturen stutzen lassen. Und die ältesten historisch nachweisbaren weihnachtlichen Lichterbäume waren denn auch keine Tannen, sondern eben solche barocken Buchsbäumchen (→ Christbaumschmuck). Noch bis ins 19. Jahrhundert blieb der Buchsbaum eine Alternative zum Nadelgrün: In Berlin pflegten ärmere Familien, die sich keinen echten Baum leisten konnten, ein Drahtgestell mit Kiefernzweigen oder Buchsbaum zu umwickeln.

3

Chaostheorie: Neue Forschungsrichtung, die das Verhalten komplex-dynamischer Systeme untersucht, und zwar insbesondere deren Übergänge von geordneten Zuständen in chaotische und umgekehrt. Mit Computersimulationen haben die Chaosforscher herausgefunden, daß es »seltsame Attraktoren« gibt, in deren Umgebung schon minimale Änderungen von bestimmten Größen das System zu einem sprunghaft anderen Verhalten zwingen. Was bedeutet, daß solche Systeme extrem empfindlich auf die Ausgangsbedingungen eines bestimmten Zustands reagieren. So kann der mittlerweile sprichwörtlich gewordene Flügelschlag eines Schmetterlings in China durch Rückkopplungs- und Iterationsprozesse letztlich in Amerika einen Wirbelsturm auslösen.

Bekannte komplex-dynamische Systeme sind beispielsweise das Klima, die Börse, das Gehirn und die Kleinfamilie. Letztere tendiert vor allem in der Adventszeit dazu, unerwartet in chaotische Zustände überzugehen, etwa wenn der seltsame Attraktor Mutter mit vom Einkaufsstreß blankgelegten Nerven auf eine minimale Änderung der Ausgangsbedingungen einer gegebenen Situation – beispielsweise ein unpassendes Wort beim Abendessen (»Schon *wieder* Rührei?«) – sprunghaft die ihr kulinarisch Anvertrauten zur Sau macht, woraufhin das gesamte komplex-dynamische System Kleinfamilie ins Chaos stürzt (»Wenn hier einer die Kinder anschreit, dann ich!« – »Iß dein Scheiß-Rührei doch selber!« – »Rabäääh!« – »Macht euren Dreck doch allein!« – rumms, rumms, rumms – »Rabäääh!«).

Diese spezifische Anfälligkeit der Kleinfamilie ist besonders an den Weihnachtstagen ein großes Problem, da im allgemeinen erwartet wird, daß sie unter wechselseitigen Liebesbekundungen in einem Zustand extremer Harmonie verbracht

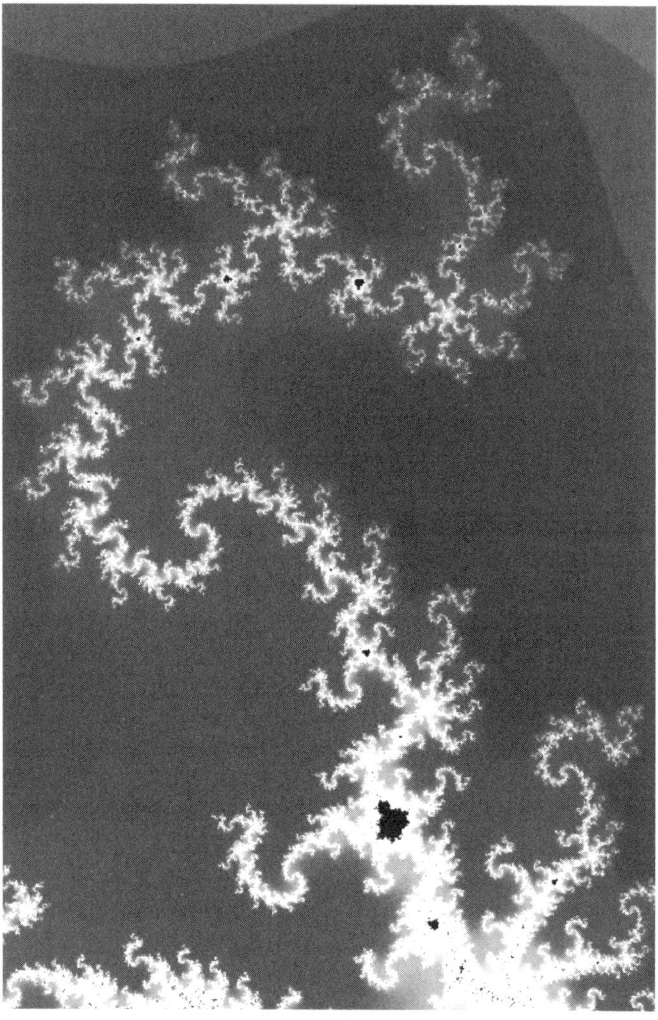

Wenn man das scheinbar chaotische Verhalten komplex-dynamischer Systeme mittels Computersimulation auf einer anderen Betrachtungsebene repräsentiert, offenbaren sie plötzlich ein hohes Maß von trickreicher Ordnung, manchmal sogar von geradezu bizarrer Schönheit.

werden. Andererseits sind diese Tage nun ein echter Ausnahmezustand, da in der Regel die Kleinfamilie nur dreimal im Jahr (Ostern, Pfingsten, Weihnachten) gezwungen ist, gut zweieinhalb Tage in ständiger räumlicher Nähe auszuharren und dabei die gefürchteten Rückkopplungs- und Iterationsprozesse zu vermeiden, mithin in dieser Hinsicht recht ungeübt ist. Die an Heiligabend besonders hohe Erwartungshaltung etwa läßt den unter starker Anspannung stehenden Familienmitgliedern kaum Spielraum, flexibel auf minimale Änderungen der Ausgangsbedingungen zu reagieren. Wenn also Papa zu spät und angesäuselt vom Stammtisch heimkommt, Mamas Mousse au chocolat zu Schoko-Moltofill mutiert ist, Töchterchen heult, weil sie zur Feier des Tages ein Kleid anziehen soll, Sohnemann bockt, weil er kein Moped kriegt, Oma empört auf ihr Zimmer rauscht, weil Mama sie mit »Steh doch nicht immer im Weg!« angeraunzt hat, und die Katze beim Lamettafressen den Baum umschmeißt und anschließend auf den Teppich kotzt, ja, dann ist der Übergang ins Chaos wohl unvermeidlich.

Christbaumschmuck: Die ersten, die zu Weihnachten geschmückte Bäume im Haus aufstellten, waren städtische Handwerkerzünfte: Eine Bremer Chronik von 1570 erwähnt ein »Dattelbäumchen«, eine kleine Tanne mit Äpfeln, Nüssen, Datteln, Brezeln und Papierblumen, die im Zunfthaus für die Kinder der Mitglieder aufgestellt und von ihnen zu Weihnachten »abgeerntet« wurde. Für die elsässische Stadt Turckheim ist ab 1597 ein ähnlicher Weihnachtsschmuck belegt, und meist wird, wenn auch unzutreffend, anhand dieser Quelle die »Erfindung« des →Weihnachtsbaums auf jenes Jahr datiert. Im gleichen Jahr trug eine Basler Zunft einen mit Äpfeln und Käse (!) behängten Baum durch die Stadt, und um 1600 durften Schlettstadter Kinder an Dreikönig einen mit Äpfeln und Oblaten geschmückten Baum plündern.

Spätestens Mitte des 17. Jahrhunderts wurde der Baum dann auch mit Kerzen versehen: 1708 beschreibt Liselotte von der Pfalz (1652–1722) ihrer Tochter in einem Brief die lichtergeschmückten → Buchsbäume, die in ihrer Kindheit am Hannoveraner Hof standen. Zur gleichen Zeit wurden in Straßburger Familien dann Bäume mit Papierrosen, Oblaten und → Rauschgold verschönert, was ein Kleriker allerdings als »heidnisches Werk« geißelte.

Ein glühender Anhänger von Friedrich dem Großen, der die Kartoffel in Preußen zur Volksnahrung zu machen befohlen hatte (brav halten sich die Preußen bis auf den heutigen Tag an den Befehl), stellte 1755 den ersten historisch nachweisbaren Berliner Weihnachtsbaum auf und schmückte ihn pflichtschuldigst mit silber- und goldbronzierten Kartoffeln. Für das Ende des 18. Jahrhunderts sind dann lichtergeschmückte Bäume auch für bessergestellte Privathaushalte belegt, und zur gleichen Zeit kamen für die weniger Wohlhabenden die ersten Lichterpyramiden auf.

Im 19. Jahrhundert hängte man auch kleine Geschenke in den Baum. In gut betuchten Häusern fielen sie manchmal recht opulent aus: Die englische Königin Viktoria soll einmal in einem drei Meter hohen Prachtexemplar Gaben im Wert von 10 000 Pfund verstaut haben.

Neben dem eßbaren Christbaumschmuck – Nüsse, mit Goldbronze bemalt, Äpfel, Datteln, Feigen, Lebkuchen, Springerle – dominierten nun Kerzen, Flitter, Papierrosetten, vergoldete oder versilberte Tannenzapfen und (ausgeblasene) Eier, Wachsengelchen, Rauschgoldengel, Holz- und Pappfigürchen und Zinnsachen. Von der Mitte des 19. Jahrhunderts an setzten sich dann immer mehr die → Glaskugeln durch. Es blieb nicht lange bei den schlichten klaren oder versilberten Kugeln, die Vielfalt ihrer Formen und Farben nahm rasch zu. Sie waren, dem Zeitgeist folgend, gewissermaßen technische Abstraktionen der Äpfel, Nüsse und Tannenzapfen, die den ursprünglichen, natürlichen Christbaumschmuck darstellten. Gleichzeitig erfolgte der Siegeszug des → Lamettas, das wie der Glasschmuck den großen Vorteil hatte, unbrennbar zu sein.

Nach 1871 hängte man im gerade gegründeten Deutschen Reich aufgrund des allgemeinen nationalen und militärischen Begeisterungstaumels sogar Kanonen und Kriegsschiffe aus

Zinn in den Baum, später kamen Zeppeline und Flugzeuge hinzu. (Soviel zur Pervertierung des Fests der Liebe und des Friedens.)

In den repräsentationssüchtigen Gründerjahren entwickelte sich das Baumschmücken vollends zu einem regelrechten Kult und zum Thema eines Dauerstreits um Stilfragen: puristisch oder opulent, symmetrisch oder dynamisch, weiß und silber oder gold pur oder rot und gold oder einfach kunterbunt? Folgerichtig bietet der Buchmarkt schon seit 1878 Ratgeber über das richtige Schmücken des Baums an – was nicht verhindern konnte, daß die Frage, wie denn der Baum nun aussehen soll, bis auf den heutigen Tag ganze Familien zu entzweien vermag, was der angestrebten interpersonalen Harmonie erheblich zuwiderläuft.

Christkind: Eigentlich die an Weihnachten von den Christen verehrte Gestalt: Jesus als neugeborenes Kind. Durchlief aber, ikonographisch betrachtet, in der Funktion des → Gabenbringers eine seltsame Mutation: Zu einem vehementen Körperwachstum und der Ausbildung von Flügeln gesellte sich unter Beibehaltung des Heiligenscheins eine komplette Geschlechtsumwandlung, so daß sich das Geschenke bringende Christkind auf Kitschpostkarten heute in Form eines weiblichen (wenn auch vorpubertären) Engels zeigt. Wird, da nur schwer als Schokoladengußhohlkörper reproduzierbar, in immer stärkerem Maß vom → Weihnachtsmann verdrängt.

Christrose: → Nieswurz

Christus: Beiname des → Jesus von Nazareth mit dem Sinngehalt »der Erlöser«, aber der wörtlichen Bedeutung »der Gesalbte«. Der Begriff geht auf die griechische Übersetzung *christós (χριστός)* des hebräischen *mâšî*^{a}*ḥ* (Messias) zurück, der ursprünglich auch »der Gesalbte« bedeutete, als welcher der Erlöser im Alten Testament prophezeit wird. Die latinisierte Form *Christus* gelangte über das Gotische ins Alt- und Mittelhochdeutsche, wo sie zu *Krist* oder *Christ* verkürzt wurde.

Erst vom 16. Jahrhundert an setzte sich wieder die lateinische Form Christus durch und wird, mit vorangestelltem → Jesus, seither vom Volksmund wie ein normaler zusammengesetzter Name behandelt.

Christusmonogramm: Das weitverbreitete christliche Zeichen ☧ steht nicht, wie viele meinen, für *pax*, Frieden, sondern ist eine Abkürzung für den Namen Christus, gebildet aus den ersten beiden (Groß-)Buchstaben der griechischen Schreibweise (siehe oben) des Namens, nämlich *X* (Chi) und *P* (Rho). Es ist somit das einzige echte Christusmonogramm. → IHS

4

Datum: Jesus Christus wurde weder am 25. Dezember noch im Jahr 0 geboren, soviel ist sicher. Ein Jahr 0 gibt es in unserer Zeitrechnung nicht – auf das Jahr 1 v. u. Z. folgt direkt das Jahr 1 u. Z. –, aber auch jenes ist das am wenigsten wahrscheinliche. Nur zwei der → Evangelien nennen überhaupt Daten, und die widersprechen sich: Bei Matthäus heißt es »zur Zeit des Königs Herodes«, bei Lukas »damals war Quirinius Statthalter von Syrien«. Herodes starb im Jahr 4 v. u. Z., Quirinius war erst 6/7 u. Z. syrischer Herrscher (und ließ zu jener Zeit auch Steuerlisten aufstellen, → Volkszählung). Obwohl Lukas scheinbar die übrige Weltgeschichte sehr genau einbezieht, widerspricht er sich zudem selbst: Später heißt es, Jesus sei »im fünfzehnten Jahr der Regierung des Kaisers Tiberius« im Alter von etwa 30 Jahren erstmals öffentlich aufgetreten. Augustus starb am 19. 8. 14 u. Z., also war das fünfzehnte Jahr des Tiberius zwischen Sommer 28 und Sommer 29 u. Z. – wäre Jesus zur Zeit des Quirinius-Zensus geboren, wäre er dann erst Anfang 20 gewesen.

Wahrscheinlicher ist, daß im mehrfach abgeschriebenen Lukas-Evangelium ursprünglich P. Quintilius Varus genannt war, der 6–4 v. u. Z. als syrischer Statthalter amtierte (und später die sogenannte Schlacht am Teutoburger Wald verlor). Allerdings ist nicht überliefert, ob er zu Beginn seiner Regentschaft neue Steuerlisten aufstellen ließ (möglich ist das, denn die Römer kannten den Zensus bereits seit dem 6. Jahrhundert v. u. Z.).

Tertullian erwähnt eine Volkszählung des Saturninus, der 8–7 v. u. Z. Statthalter war. Dieses frühe Datum deckt sich auch mit neuen Erkenntnissen zum → Stern von Bethlehem (und das hat zur Folge, daß die echte Jahrtausendwende, für die Esoteriker gern das Schlimmste prophezeien, bereits sang- und klanglos vorübergegangen ist). Unsere Zeitzählung basiert auf einer Berechnung, die der aus Armenien stammende Mönch Dionysius Exiguus (ca. 470–550) im päpstlichen Auftrag durchführte. Allerdings ist sie fehlerhaft, weil er von der willkürlichen Annahme ausging, daß Jesus Christus an einem 25. März auferstanden sein mußte.

Den einzigen Hinweis zum Tag der Geburt liefert gleichfalls das Lukas-Evangelium: »... lagerten Hirten auf freiem Feld und hielten Nachtwache bei ihrer Herde.« Danach muß es sich um einen Termin zwischen März oder April und spätestens November handeln, denn auch in Palästina bleibt es nicht warm genug, um die Herden im Freien überwintern zu lassen. Den frühen Christen war der Geburtstag des Herrn noch ziemlich gleichgültig, sie feierten zunächst nur seinen Todestag und die Auferstehung, später auch den Tauftag. Eine Geburtstagsfete galt vor dem 3. Jahrhundert eher als heidnischer Brauch.

Doch parallel dazu setzte eine wahre Flut von Berechnungen ein: Clemens Alexandrinus (um 150–vor 215/216) listet nicht weniger als 200 auf. Die meisten Daten lagen im Frühjahr. Besonders beliebt war der 28. März, der vierte Tag nach der Tagundnachtgleiche, die damals auf den 25. März fiel. Er galt als erster Schöpfungstag, und Jesus mußte demnach am vierten Schöpfungstag, jenem, an dem Gott die Sonne schuf, geboren sein. Einer ähnlichen Logik folgten erste Nennungen des 25. Dezembers. Danach mußte die Empfängnis auf den ersten Schöpfungstag fallen und die Geburt genau neun Monate später erfolgen.

Daß die Festlegung des Weihnachtstags auf den 25. Dezember irgend etwas mit dem Termin des germanischen → Jul zu tun hätte, ist übrigens schlicht Unsinn. (Erstaunlicherweise hält sich diese Nazipropaganda nach wie vor hartnäckig auch in Köpfen, die mit »arischem« Gedankengut absolut nichts zu tun haben.) Als der Termin bestimmt wurde, waren die meisten Germanen noch weit davon entfernt, irgend etwas vom christlichen Gedankengut zu wissen. Als der Apostel Bonifatius 754 in Friesland erschlagen wurde, galt in Rom bereits seit mindestens 418 Jahren der 25. Dezember als Tag der Geburt Christi, und seit dem Konzil zu Konstantinopel 381 war das sogar ein Dogma (im deutschsprachigen Raum wurde der 25. Dezember mit der Mainzer Synode 813 eingeführt).

Allerdings lag dem Datum tatsächlich ein heidnisches Fest zugrunde, das des → Sol Invictus, das man zur Wintersonnenwende feierte, die damals auf den 25. Dezember berechnet wurde. Treibende Kraft, diesen Termin zu nehmen, war möglicherweise Konstantin der Große, der auf diese Weise Sonnenkult und Christuskult verbinden und die Einheit seines Reichs stärken wollte. Die biblische Metapher von Christus als Licht der Welt stand dem auch nicht entgegen. Daß sich der 25. Dezember als Weihnachtstag durchsetzte, hatte also schlicht politische Gründe.

Während in der Westkirche das Datum schnell Eingang fand, gab es in der Ostkirche lange Widerstand. Dort feierte man seit dem 2. Jahrhundert Christi Taufe am 6. Januar und ab Anfang des 4. Jahrhunderts zusätzlich in der Nacht zuvor seine Geburt.

Auch dieser Termin war nicht allein ein christlicher Feiertag. Bei den Ägyptern war er Osiris geweiht, und die Griechen begingen an ihm ein Dionysos-Fest. Ausgangspunkt war wohl die Tatsache, daß zu dieser Zeit die Tage wieder deutlich länger werden. Theologisch begründet wurde er mit dem sechsten Schöpfungstag, der Erscheinung des Menschen. Epiphanias ist daher in der orthodoxen Kirche vielfach nach wie vor das bedeutendere Fest. → Heilige Drei Könige, Kalender, Saturnalien.

Dezember: Unser zwölfter Monat trägt paradoxerweise den offiziellen Namen »der 10. Monat« (von lateinisch *mensis december*). Beim altrömischen → Kalender begann das Jahr nämlich mit dem (dem Kriegsgott Mars geweihten) Monat März. Die Bezeichnung Dezember wurde auch beibehalten, als der Jahresanfang 153 v. u. Z. auf den 1. Januar festgelegt wurde. Benannt wurde dieser erste Monat nach Janus, dem Gott der Türen, der Ein- und Ausgänge. Der Februar, ursprünglich der letzte Monat des Jahres, verdankt seinen Namen *februare*, reinigen: Das Jahresende war für die Römer die Zeit der Reinigungsrituale. *Aprilis* war einfach der dem alten Jahresanfang folgende Monat, Mai dem Wachstumsbeschützer Maius und Juni der Göttermutter Juno geweiht. Bei den restlichen behielt man die alten Bezeichnungen bei, erst später wurden zu Ehren von Julius Caesar und Octavianus (der als Kaiser den Beinamen Augustus, der Erhabene, hatte) der Juli und der August eingeführt.

Die römischen Monatsnamen waren im Vergleich mit anderen eher nüchtern (jedenfalls zunächst). Bei den Griechen etwa hätte so eine prosaische Benennung nach Zahlen kaum Aussicht gehabt, weite Verbreitung zu finden: Bei ihnen prägten die jeweiligen Feste zu Ehren der Götter die Namen. Lange Zeit hatte auch jede Stadt eigene Monatsnamen – das war besonders günstig, denn daraus ließ sich gut politischer Profit schlagen. Von den Troianern ist beispielsweise bekannt, daß sie 281 v. u. Z. einen Monat nach Seleukos, dem letzten der Diadochen, benannten, um ihrer Stadt unter seiner Herrschaft möglichst viele Freiheiten zu sichern.

Karl der Große, zu dessen Zeit sich das Althochdeutsche auch als Schriftsprache etablierte, schlug in seinem Kalender die jeweiligen Feldarbeiten oder Erscheinungen der Natur als Namensgeber vor, wie etwa *aranmanod*, Erntemonat für den August. Einige dieser alten Namen haben sich in manchen Gegenden bis heute erhalten, unter anderem für den Februar Hornung – das Wort bedeutet Kebssohn, Bastard, bezeichnet also den, der beim Erbe übergangen wurde, somit den Monat, der bei der Zahl der Tage zu kurz gekommen ist.

Vom 14. und 15. Jahrhundert an setzten sich die römischen Monatsnamen auch im deutschen Sprachraum immer mehr durch (wesentlichen Anteil daran hatte die Lateinfreundlichkeit des Humanismus). Dem Versuch der Nazis, alte oder neue, aber alt klingende (hierzu gehören der Wonnemond für den Mai und der Julmond für den Dezember) »germanische« Namen einzuführen, war just so viel Erfolg beschieden wie ihrem tausendjährigen Reich.

Im Althochdeutschen hieß der Dezember *heilagmanod* (Heiligmonat); vom 15. Jahrhundert an wurde er Christmond, aber auch Winter-, Hart-, Schlacht- und Wolfmonat genannt – ein beredtes Zeugnis, wie die Menschen einst diese dunkelste Zeit im Jahr empfanden. → Kalender, Mittwinter

Düfte: Advent und Weihnachten gelten als die hohe Zeit heimeliger Wohlgerüche, und gerade durch sie werden Kindheitserinnerungen geweckt. Im Gegensatz zur Geschmackswahrnehmung (siehe unten) sind sich die Wissenschaftler nach wie vor uneins, wie viele Grundqualitäten es für den Geruch gibt. Mit rund 1,5 Millionen Riechzellen ist der Mensch allerdings auch nicht sonderlich gut ausgestattet (jeder Dackel hat fast hundertmal mehr, ein Schäferhund kann sogar 225 Millionen vorweisen) – und die Sprache hilft ihm bei der Beschreibung auch wenig weiter, so daß sich über Gerüche ebenso trefflich streiten läßt wie über den Geschmack.

Was gar nicht anders sein kann, denn schmecken geht überhaupt nicht ohne riechen: Auf der Zunge differenzieren wir nur salzig, süß, sauer und bitter sowie, wenn's brennt, Schärfe, der Rest einer geschmacklichen Wahrnehmung erfolgt über flüchtige aromatische Inhaltsstoffe mit dem Riechsinn. Das Gefühl, ein Schnupfen beeinträchtige den Geschmackssinn, trügt also: Tatsächlich ist der Geruchssinn herabgesetzt, ohne seine Unterstützung erscheinen uns die Speisen fade und eintönig.

Die olfaktorische Wahrnehmung ist, neben der Schmerz- und Lustempfindung, der archaischste unserer Sinne: Das Rhinencephalon (Riechhirn) gehört zu den entwicklungsgeschichtlich ältesten Teilen des Gehirns. Es ist eng mit dem limbischen System verknüpft, dem Sitz unserer Gefühle, was erklärt, warum Gerüche so stark emotional auf uns wirken und so gefühlsbetonte Erinnerungen auslösen können (nachzulesen in Marcel Prousts »Auf der Suche nach der verlorenen Zeit«). Diese Abteilung des Gehirns war schon lange ausgebildet, bevor die höheren Hirnfunktionen sich entwickelten; sie sicherte das Überleben des Individuums und zugleich der Spezies, denn sie diente dazu, geeignete Nahrung wie geeignete

Sexualpartner zu finden. Was Wunder, daß man einem guten Essen aphrodisische Wirkung nachsagt.

Beim Individuum werden Geschmacks- wie Geruchssinn, wie neue Untersuchungen nachweisen, bereits im Mutterleib geprägt. Aromatische Stoffe im Fruchtwasser wirken sich darauf aus, welche Speisen im späteren Leben bevorzugt werden. Versuchskaninchen, deren Mütter an der Universität München mit Wacholder gefüttert worden waren, zeigten eine Vorliebe für diesen, während andere, deren Mütter Thymian erhielten, jenen bevorzugten. Bei menschlichen Föten wurde nachgewiesen, daß sie besonders viel Fruchtwasser saugen, wenn es mit Zucker versetzt wird, ein Bitterstoff ihnen dagegen den Appetit verdirbt. Ähnlich wirken Duftstoffe in der Muttermilch. Besonders appetitanregend sind Knoblauchduft und Vanillearoma.

Diese Prägungen halten ein Leben lang vor. Ein deutscher Lebensmittelchemiker hat das mit einem Ketchup-Test nachgewiesen: Von 130 Erwachsenen bevorzugten die, die mit der Flasche großgezogen worden waren, viermal häufiger als die gestillten Testpersonen eine Ketchup-Probe, der Vanillin zugesetzt worden war. Die Erklärung für dieses Verhalten ist verblüffend einfach: Muttermilch enthält normalerweise keine Vanille, in Flaschenkost ist ihr Aroma dagegen häufig als Geschmacksverbesserer hinzugefügt.

Ob ein Duft als angenehm empfunden wird, hängt auch wesentlich mit der Intensität des betreffenden Reizes zusammen. Ambra, Castoreum, Moschus und Zibet beispielsweise, die zur Parfümherstellung verwendet werden, entfalten ihre berauschende Wirkung auf das Rhinencephalon nur in geringen Konzentrationen – in Reinform werden sie als unangenehm oder gar ekelerregend empfunden.

5

*E*is: Häufige winterliche Naturerscheinung in den gemäßigten Breiten, auch in Form von → Reif und → Schnee. Physikalisch ein Aggregatzustand von Wasser, H_2O, einer zwar einfach aufgebauten Verbindung von zwei Wasser- und einem Sauerstoffatom, die sich jedoch chemisch wie physikalisch ganz seltsam verhält. So ist das simple Molekül beispielsweise in sich überraschend stabil; um es aufzubrechen, braucht man viel Energie, was man an der umgekehrten Reaktion beobachten kann, wenn eine Knallgasmischung (ein Teil Sauerstoff, zwei Teile Wasserstoff) zur Explosion gebracht wird und angesichts des bißchen dabei entstehenden Wassers eine überraschend große Energiemenge freigesetzt wird. Auch gegenüber vielen anderen Verbindungen sind die Moleküle ungewöhnlich stabil: Sie zerlegen deren Moleküle in An- und Kationen, ohne sie chemisch zu verändern, was Wasser zum idealen Lösungs- und Transportmittel macht, und nicht zuletzt deshalb ist es völlig richtig, es als »Elixier des Lebens« zu umschreiben.

Im flüssigen Zustand befinden sich die Wassermoleküle gewissermaßen in einem halbgeordneten Zustand: Jeweils 20–50 von ihnen bilden ständig wechselnde Verbände (sogenannte *cluster*), dazwischen schwimmen einzelne Moleküle frei herum. Das erklärt unter anderem die hohe Viskosität (Zähflüssigkeit) von Wasser. Die Molekülverbände richten sich sodann an den Grenzflächen polarisiert aus, und daraus resultiert die für Wasser charakteristische hohe Oberflächenspannung, die nicht nur im Sommer den Bauchklatscher zu einem schmerzhaften Erlebnis macht, sondern auch die Bildung großer Tropfen ermöglicht und für die Kapillarität des Wassers verantwortlich ist: In sehr dünnen Röhren (Kapillaren) kriecht es von selbst nach oben, was den Pflanzen überhaupt erst das Leben ermöglicht.

Eine physikalische Grundregel besagt, daß, je kleiner ein Molekül, desto niedriger sein Schmelz- und Siedepunkt ist. Wasser hält sich überhaupt nicht an diese Regel, nach der es bei –97 °C gefrieren und schon bei –93 °C kochen müßte. Was für das Leben auf der Erde wiederum ein Segen ist. Vielmehr liegen der Schmelz- und der Siedepunkt, wie bekannt, bei 0 und +100 °C. Auch die hohe Temperaturdifferenz dazwischen ist eine physikalische Kuriosität und ebenfalls auf die Molekülverbände zurückzuführen, die so etwas wie einen partiellen Festkörperzustand darstellen und unter anderem dafür verantwortlich sind, daß für das Verdampfen mehr Energie aufgewendet werden muß, als man nach den Regeln der Thermodynamik erwarten würde.

Wenn Wasser gefriert, gehen die Molekülverbände in die geordnete Gitterstruktur eines Kristalls über, es wird fest. Dabei dehnt es sich, abermals eine Besonderheit, wieder aus. Was erklärt, warum Wasser bei → Frost Rohre und Straßendecken sprengt. Seine größte Dichte (sein höchstes spezifisches Gewicht, nämlich genau 1) erreicht es bei +4 °C. Deshalb schwimmt Eis auf dem Wasser, und unter dieser isolierenden Decke sammelt sich das schwerste Wasser von +4 °C am Grund, dazwischen schichtet sich das von +4–0 °C. Ohne diese Eigenart würde in unseren Breiten im Winter in Flüssen und Seen nichts im Wasser überleben.

Bei der Bildung lagert sich Eis in Schichten ab, die von den Sauerstoffatomen in den Wassermolekülen ausgehen. Diese Schichten sind relativ leicht gegeneinander verschiebbar, was dem Eis eine gewisse Plastizität verleiht, den Gletschern das Wandern ermöglicht und seine Oberfläche so rutschig macht. Beim Schlittschuhlaufen passiert aber noch etwas anderes: Unter dem sehr hohen Druck der Kufen (das Körpergewicht, das sie tragen, wird ja auf eine äußerst kleine Fläche konzentriert) wird das Eis in diesem Bereich an der Oberfläche wieder flüssig, und die Kufen schwimmen gewissermaßen auf einem dünnen Wasserfilm.

Damit das nicht mit unseren Kraftfahrzeugreifen geschieht, bringt der Räum- und Streudienst im Winter Salz oder eine

Salzlösung auf die Straßen aus (sehr zum Nachteil von Chausseebäumen und Hundepfoten): Die im Wasser gelösten Salze senken den Gefrierpunkt ab (bis zu −18 °C sind theoretisch möglich), und die Eisbildung wird somit verzögert oder gar verhindert. Was, wenn der Räum- und Streudienst den richtigen Zeitpunkt verpaßt, nicht immer gelingt.

Elektrische Kerzen: Neuzeitliches weihnachtliches Dekorationsmittel in Form von Glühlampenketten. Ursprünglich um die Jahrhundertwende zum Einsatz im Freien entwickelt, setzen sich elektrische Kerzen zunehmend auch im Privathaushalt durch – meist gegen den erbitterten Widerstand notorischer Nostalgiker –, da sie in der Anwendung praktisch (Stecker rein, Stecker raus) und im Gebrauch wesentlich ungefährlicher als → Kerzen sind und so die Zahl der weihnachtlichen Wohnungsbrände erheblich reduzieren helfen.

Vor allem dienen elektrische Kerzen natürlich als → Christbaumschmuck, finden aber auch anderweitige Verwendung. Während es in den USA geradezu ein Nationalsport ist, die Privathäuser zur Weihnachtszeit mit Lichterketten zu behängen – jeder versucht dabei seine Nachbarn zu übertrumpfen –, werden in Mitteleuropa überwiegend öffentliche Gebäude so herausgeputzt und zunehmend auch Einkaufsstraßen und Fußgängerzonen. Berühmt ist die weihnachtliche Dekoration der Bahnhofstraße in Zürich, die vor rund 25 Jahren (für viele, viele Fränkli) von eigens dafür engagierten Künstlern entworfen wurde. Exakt 20736 Lämpchen verwandeln die teurste Konsummeile der Stadt in ein Sternenmeer. Bis zu 8 % (mithin 1658,88 Stück – aber wo gibt es 0,88 Glühbirnen?) gehen pro Saison kaputt und müssen ausgetauscht werden. Allein die Stromkosten belaufen sich auf 15 000 sFr pro Jahr.

Möglich wurde all das erst durch die allmähliche Entdeckung der Elektrizität, die sich vom 16. bis zum Ende des 19. Jahrhunderts hinzog und mit Namen wie Ampère, Faraday, Gilbert, Galvani, Lorentz, Maxwell, Ørstedt, Ohm, Thomson (= Lord Kelvin) und Volta verknüpft ist – die meisten dieser Forscher werden heute in Form von Maßeinheiten geehrt. Die erste, nicht sonderlich gut funktionierende Glühbirne baute 1854 der deutschamerikanische Mechaniker Heinrich Goebel; 1878 entwickelten der Engländer Joseph Swan und, unabhängig von ihm, 1879 Thomas Alva Edison – der eher ein großer Verbesserer war als ein großer Erfinder – sie zur verläßlicheren Kohlefadenlampe weiter. Mit Erfindung des elektrischen Generators durch Werner von Siemens (1866) und dem Aufbau eines öffentlichen Stromnetzes (in Deutschland durch die AEG von 1884 an) waren schließlich alle Voraussetzungen für die elektrische Beleuchtung von Privathaushalten geschaffen.

In heutigen Glühlampen besteht der bis zu einem Meter lange, zu einer Wendel oder Doppelwendel aufgewickelte Glühdraht aus Wolfram, dem Metall mit dem höchsten Schmelzpunkt (3380 °C), denn die Lichtausbeute ist um so größer, je höher die Temperatur ist. Der Glashohlkörper ist entweder vakuumiert (nur bei leistungsschwachen Lampen) oder mit einem reaktionsneutralen Schutzgas (meist Argon mit etwas Stickstoff, auch Krypton) gefüllt, damit die Wolframwendel nicht oxidiert. Die Farbtemperatur liegt je nach Lampentyp zwischen 2800 und 3200 °K, der elektrisch erleuchtete Weihnachtsbaum muß (in Farbe) also mit Kunstlichtfilm fotografiert werden, sonst gibt es einen Orangestich. Die mittlere Lebensdauer heutiger Glühlampen beträgt um die 1000 Brennstunden, wobei häufiges An- und Ausschalten durch die enormen Temperatursprünge das Material rascher altern läßt.

Will man eine größere Anzahl Glühlampen zu einer Lichterkette kombinieren, bieten sich grundsätzlich zwei Möglichkeiten an, die Parallel- und die Reihenschaltung. Bei ersterer werden die beiden elektrischen Leiter (Plus und Minus bei Gleichstrom beziehungsweise Phase und Nulleiter bei Wechselstrom) parallel an allen Glühlampen vorbeigeführt und mit jeweils einem Lampenkontakt verbunden; bei der Reihenschaltung wird nur ein Leiter von Lampe zu Lampe und nach der letzten zurück zum Gegenpol geführt, so daß der Strom die Glühlampen nacheinander durchfließt. Die Parallelschaltung kommt vor allem bei großen, mit normalen (kerzenförmigen) Glühlampen bestückten Lichterketten zur Anwendung, die mit

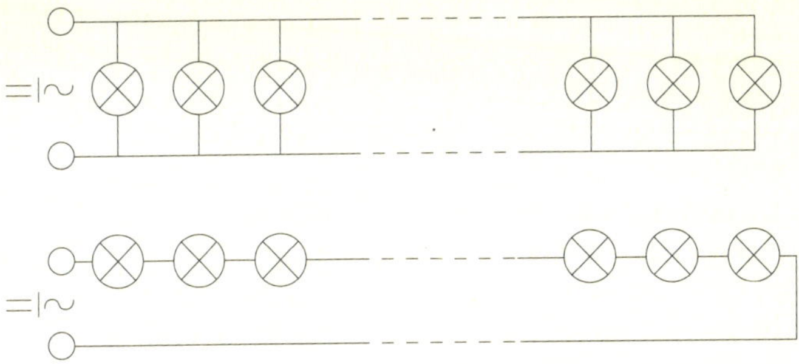

Parallel- (oben) und Reihenschaltung (unten) einer Lichterkette

Netzstrom gespeist werden. Die Reihenschaltung bietet sich für kleine, mit Niederspannung betriebene Lichterketten an, weil aufgrund der summierten Innenwiderstände der einzelnen nacheinander geschalteten Birnchen die Spannung reduziert wird (auf 220:*n* V, wobei *n* = Anzahl der Birnchen), ohne daß ein Transformator zum Anschluß ans Stromnetz erforderlich wird. Allerdings hat das den Nachteil, daß gleich die ganze Lichterkette dunkel bleibt, wenn auch nur ein Birnchen kaputtgeht, weil der Stromkreis dann unterbrochen ist. Das Problem läßt sich dadurch lösen, daß man in die Fassungen jeweils eine kleine Diode einbaut, die bei Ausfall des Birnchens den Stromkreis wieder schließt, und so sind heute die meisten Miniaturlichterketten auch konstruiert. Allerdings steigt mit dem Ausfall eines oder mehrerer Birnchen die Spannung, so daß man von einer bestimmten Anzahl an (sie steht in der Gebrauchsanleitung) die kaputten ersetzen muß, weil sonst mit rapide wachsender Geschwindigkeit alle anderen ebenfalls durchbrennen und die Weihnachtsfreude gleich ein wenig getrübt ist.

Engel: In vielen Religionen, besonders aber im Christentum die Boten Gottes und Mittler zwischen Gott und den Menschen. Nach der katholischen Lehre (für Protestanten sind sie kein Glaubensgegenstand) sind Engel von Gott geschaffene, mit Verstand und freiem Willen ausgestattete Geistwesen, die den Menschen zu dienen haben. Vorher mußten sie sich aber noch einem Test unterziehen, den nicht alle bestanden: Aus den unseligen, beim Engelssturz ausgesonderten wurden die bösen Geister der Hölle, auch Luzifer, ihr oberster Chef, ist ein gefallener Engel.

Um eine gewisse Ordnung in die nicht ganz klare Organisationsstruktur der himmlischen Heerscharen zu bringen, hat die Wissenschaft von den Engeln, die Angelologie (eine Lieblingsbeschäftigung der Scholastiker), nach jahrhundertelangen Diskussionen ein kompliziertes System von drei Hierarchien und neun Chören entwickelt, an dessen Spitze die Erzengel stehen. Nicht geklärt werden konnte das Problem ihrer Leiblichkeit, was in der Frage gipfelte, wieviele Engel wohl auf einer Nadelspitze Platz finden könnten.

Zunächst hatte man ihnen nämlich zwar Geschlechtslosigkeit, aber so etwas wie eine überirdische Leiblichkeit zugeschrieben. Erst allmählich bildete sich die Vorstellung einer reinen Geistigkeit heraus. Parallel – und in einem seltsamen Widerspruch dazu stehend – wurde die bildliche Darstellung von Engeln in der christlichen Kunst aber immer konkreter: Sie sind zunächst eindeutig männlich und anfangs noch flügellos. Im 4. Jahrhundert werden sie nach dem Vorbild antiker Genien umgestaltet (allerdings voll, meist weiß, bekleidet), dann bekommen sie Flügel und Heiligenschein, und vom 5. Jahrhundert an werden sie durchs Mittelalter hindurch immer jünger. Die unterstellte Geschlechtslosigkeit manifestiert sich in der Renaissance dann in einer deutlichen Androgynität, wie sie offensichtlich von vielen Menschen dieser Epoche geschätzt wurde. Nun gesellt sich auch noch ein zweiter Typ, nach dem Vorbild der antiken Putten gestaltet, hinzu, und aus den einstigen ernsten Männern sind quietschfidele Kinder geworden. Auch lassen sie bis zum Rokoko immer mehr Hüllen fallen, und die angeblich asexuellen Geistwesen bekommen einen manifest erotischen Charakter. Der wurde ihnen in der Klassik und vor allem im prüden 19. Jahrhundert gründlich wieder ausgetrieben, so daß heutige Weihnachtsengel – sei es auf Kitschpostkarten oder bei → Hirtenspielen –

meist in Gestalt züchtig gekleideter präpubertärer Mädchen daherkommen. → Christkind

Engelshaar: Hauchdünne Glasfäden, die wie die → Glaskugeln als erstes in Lauscha, Thüringen, in Heimarbeit hergestellt wurden. Die ursprünglich glatten Glasfasern dienten zunächst technischen Zwecken; erst als man sie lockte und zerzupfte, entstand daraus das Engelshaar, das neben der namensgebenden Verwendung auch für Engelsflügel, Schweifsterne und zur Simulation von Schnee auf dem Weihnachtsbaum eingesetzt wurde. Heute weitgehend durch Kunststoffasern ersetzt. → Christbaumschmuck

Erfrieren: Aus Afrika soll er stammen, der *Homo sapiens*, und manch ein Exemplar dieser Spezies wird sich im mitteleuropäischen Winter bibbernd fragen, warum es eigentlich hier ist. Seine Ahnen, die schon während der letzten Eiszeit in diesen Breiten siedelten, hätten sich am Ende derselben, als der Weg über die Alpen wieder frei war, nach diesen schlechten Erfahrungen doch schleunigst in die Toskana oder, noch besser, mindestens bis nach Andalusien aus dem Staub respektive Pulverschnee machen können.

In der Tat sind wir biologisch betrachtet an das Klima der gemäßigten Zonen eigentlich nicht angepaßt. Mit Hitze kommen wir viel besser zurecht: In trockener Luft, das hat 1775 ein Engländer bewiesen, halten wir bei 115 °C bis zu einer halben Stunde durch. Ein neben uns liegendes Stück Rinderfilet wäre danach schön saftig durchgegart. Hingegen beginnt ein nackter *Homo sapiens* schon bei 20 °C nach einer Weile zu frieren. Gegen winterliche Temperaturen sind wir noch viel schlechter gerüstet, unser Körper kann einfach die Wärmeerzeugung nicht über lange Zeiträume ausreichend steigern. Je nasser die Umgebung, desto schlimmer, weil feuchte Luft die Wärme viel besser von der Körperoberfläche ableitet.

Ganz schlimm ergeht es uns in kaltem Wasser, es führt die Wärme noch weit effizienter ab als feuchte Luft. Das ist das Hauptproblem bei Havarien von Passagierschiffen; die meisten Opfer ertrinken gar nicht, sie erfrieren. In 6 °C kaltem Wasser beginnt nach 40 Minuten die Innentemperatur des Körpers (außen ist er schon eiskalt und gefühllos, die Schmerzen lassen bereits nach 10 Minuten nach) so dramatisch zu sinken, daß die Sauerstoffversorgung der inneren Organe nicht mehr aufrechterhalten werden kann. Nach rund einer Stunde tritt der Tod ein, exakt: wenn die Rektaltemperatur auf 22 °C gesunken ist. Betrunkene erfrieren übrigens noch viel schneller, weil der Alkohol eine Erweiterung der peripheren Blutgefäße bewirkt, wodurch der Körper rascher Wärme verliert.

An der Luft hält bei 0 °C ein gesunder, wohlgenährter Mensch allenfalls doppelt so lange durch. Aber wer rennt heutzutage schon noch nackt herum (von Sturzbetrunkenen in Ausnahmefällen vielleicht einmal abgesehen, aber die sollten es, wie gesagt, erst recht lassen). Schon vor zig Jahrtausenden haben wir gelernt, uns mit Pelzen gegen die Kälte zu schützen. Dank Brigitte Bardot und anderen liefert das Ausgangsmaterial heute die chemische Industrie. Oder wir nehmen den Schafen die Wolle weg, nicht mehr das ganze Fell. Bleibt nur das Problem, daß aufgrund unserer Anatomie immer noch ein paar Körperpartien der eisigen Luft ausgesetzt sein müssen (Nase, Mund, Augenpartie mindestens) oder trotz der Isolierwirkung der Kleidung wegen ihrer exponierten Lage noch zu stark auskühlen (Hände und Füße vor allem). Dann kommt es, je nach Dauer der Kälteeinwirkung, zu diversen Graden von Erfrierung (medizinisch: Congelatio). Verblüffend ist dabei, daß die Schädigungen ganz ähnlich sind wie bei Verbrennungen.

Zu den sogenannten örtlichen Erfrierungen kommt es, wenn Körperteile auf unter 0 °C abkühlen. Sowohl die Haut als auch das tiefergelegene Gewebe können betroffen sein. Bei Congelationen ersten Grades, die noch recht harmlos sind, kommt es zu Rötungen, dann zu Schwellungen. Bergsteiger und Wintersportler haben das vielleicht schon einmal erlebt. Der zweite Grad ist gekennzeichnet durch Blasenbildung und starke Ödeme, die schwer heilenden Frostgeschwüre. Beim dritten Grad schließlich kommt es zu Nekrosen, das heißt, das betroffene Gewebe stirbt ab. Aus diesem Grund haben Extrembergsteiger und Arktis- oder Antarktisdurchquerer meist nicht mehr alle zehn Zehen an den Füßen. Das nekrotische Gewebe geht anschließend über in den trockenen Brand, eine Art Selbstmumifizierung, oder ins Gangrän, den feuchten Brand: Fäulnisbakterien verwandeln die Überreste in eine stinkende, fließende Masse.

Gegen Erfrierungen ersten Grades hilft Frostsalbe, Blasen werden steril geöffnet und trocken verbunden, Ödeme bedürfen längerfristiger medizinischer Behandlung, beim dritten Grad ist sofortige ärztliche Hilfe erforderlich.

Aus Afrika soll er stammen, der *Homo sapiens*. Viel weiter als bis Syrien und Gibraltar hätte er wirklich nicht nach Norden gehen sollen.

Evangelien (von griech. *euangelium*, frohe Botschaft): Die ersten vier Bücher des Neuen Testaments, die das Leben und Wirken desjenigen zum Gegenstand haben, dessen Geburtstag wir an Weihnachten feiern (obwohl dieser Aspekt durchaus im allgemeinen Festtrubel untergehen kann). Die Bibel zu lesen ist für die meisten Menschen eine Sache des Glaubens, nicht der Wissenschaft. Dabei hat sie Generationen von Forschern beschäftigt, und keinesfalls nur Theologen. Die Geschichts-, Sprach- und Kulturwissenschaftler interessiert natürlich vor allem die Frage nach dem historischen, nicht dem religiösen Wahrheitsgehalt, und die fängt mit der Frage nach den Autoren des Neuen Testaments an. Die seien doch bekannt, antwortet da der Christ: Matthäus, Markus, Lukas, Johannes, Paulus, Jakobus, Petrus, Judas und noch einmal Johannes. Steht doch in der Bibel (vgl. die deutsche Einheitsübersetzung). Weit gefehlt, meinen kritische Philologen und Historiker.

Genau wissen sie es allerdings auch nicht. Sicher ist nur, daß die (neben fragmentarischen Papyri aus dem 2. Jahrhundert) ältesten erhaltenen Fassungen des Neuen Testaments, der *Codex Vaticanus* und der *Codex Sinaiticus*, um 350 geschrieben wurden. Überliefert sind die Texte nur auf Griechisch, die Urformen sind verlorengegangen. Die Wissenschaftler sind sich aber recht sicher, daß die Bücher des Neuen Testaments erstmals aufgeschrieben wurden, als die zwölf Apostel schon gestorben waren. Die Autoren stammten zwar aus dem engsten Umfeld des Urchristentums, was sie aber niederschrieben, konnten sie bestenfalls vom Hörensagen oder aus älteren Schriftquellen haben. (So steht zutreffender denn auch in anderen Bibelausgaben: »Das Evangelium *nach* Matthäus, Markus« und so weiter.)

Interessant und das beste Indiz dafür, daß die Verfasser nicht zu den ursprünglichen Begleitern Jesu gehörten (für die es ohnehin keinen wissenschaftlich-historischen Nachweis gibt), sind die philologisch auszumachenden Unterschiede zwischen den verschiedenen Fassungen. Während das Matthäus-Evangelium offensichtlich für den jüdischen Kulturkreis gedacht war, ist das Markus-Evangelium wohl für die frühe Christengemeinde in Rom verfaßt worden.

Das Lukas-Evangelium, wohl von einem nichtjüdischen Autor, folgt in den Grundzügen zwar den beiden anderen (der Autor hat wohl ein genaues Quellenstudium betrieben), enthält aber noch zusätzliches Material – das »Lukanische Sondergut« –, zum Beispiel eben jene ganze schöne Weihnachtsgeschichte, die uns in diesen Tagen so beschäftigt. Nur in diesem *einen* Evangelium nimmt die Geschichte von Jesu Geburt so breiten Raum ein, Matthäus reichen ein paar Zeilen dafür, bei den anderen beiden kommt sie überhaupt nicht vor.

Von gänzlich anderem Charakter ist das Johannes-Evangelium; der Verfasser bearbeitet die offensichtlich auch ihm bekannte Überlieferung sehr frei und benutzt sie als bloßen Rahmen für die frohe Botschaft der Errettung der Welt durch Jesus. Es gilt als das am meisten »vergeistigte« Evangelium, mit anderen Worten, hier ist das größte Maß an Reflexion und an Distanziertheit von einem eventuellen historischen Geschehen zu spüren.

Schon daran wird deutlich, daß die Verfasser nicht, wie die Namen nahelegen, Augenzeugen des Wirkens und Leidens des Heilands gewesen sein können. (Schon gar nicht seiner Geburt: verläßliche autobiographische Langzeiterinnerungen des *Homo sapiens* reichen höchstens bis ins dritte Lebensjahr zurück, das wäre selbst dann zu wenig, wenn die Jünger älter waren.) Wer aber waren die Evangelisten?

Offiziell ist das Matthäus-Evangelium anonym überliefert; es wurde in den achtziger Jahren des 1. Jahrhunderts auf griechisch verfaßt; einige Forscher bringen es aber mit einer aramäischen Quelle in Verbindung. Von der Stilanalyse her war es eher für eine jüdische Leser- beziehungsweise Zuhörerschaft gedacht, die davon überzeugt werden sollte, daß es sich bei Jesus tatsächlich um den Christus, den Erlöser, handelte. Der Verfasser – er lebte wohl in einer judenchristlichen Gemeinde in Syrien – war mit Sicherheit kein Augenzeuge.

Das Markus-Evangelium ist das älteste und wurde wohl um 70 aufgezeichnet. Der Autor könnte in Jerusalem gelebt haben. Einer kirchengeschichtlichen Überlieferung zufolge soll es sich um Johannes Markus, den aus der Apostelgeschichte bekannten Begleiter des Paulus, gehandelt haben. Historisch ist das aber nicht gesichert.

Das Lukas-Evangelium wurde offensichtlich von einem Heidenchristen für eine gebildete griechische Leserschaft verfaßt, wie man aus dem stilistischen Niveau seines Griechisch schließt. Der Autor war eventuell ebenfalls ein zeitweiliger Reisebegleiter des Paulus. Abgefaßt wurde es wohl irgendwann zwischen 80 und 90 (zumindest aber nach 70, denn es ist zu erkennen, daß der Verfasser von der Zerstörung des Tempels in Jerusalem wußte, die in diesem Jahr stattfand). Es entstand mit Sicherheit nicht in Palästina.

Der Verfasser des Johannes-Evangeliums ist auch nicht mit wissenschaftlicher Verläßlichkeit nachzuweisen, wiederum war es aber keinesfalls der gleichnamige Apostel. Man vermutet, er gehörte zu einer heterogenen Gruppe von jüdischen Gnostikern (ähnlich der Gemeinde von Qumran) und schrieb sein Werk, an dem er vermutlich längere Zeit arbeitete, Ende des 1. Jahrhunderts in Syrien nieder.

Betrachtet man die Evangelien als historische Dokumente, ist eine solche Quellenunsicherheit prekär. Kein Wunder also, daß der seit Jahrhunderten ausgetragene Streit um die Historizität Jesu immer neue Blüten treibt. → Jesus

6

Festmahl: Besondere Anlässe mit überreichlichem Genuß von Speisen und Getränken zu feiern, ist in allen Kulturen weit verbreitet. Bei den nordamerikanischen Indianern etwa war der *potlatch* ein Fest, das von maßloser Verschwendungssucht geprägt war. Anthropologen vermuten, daß diese Sitte den Sinn hatte, den geringen erwirtschafteten Überschuß auf einen kleinen Zeitraum zu konzentrieren, um maximalen Lustgewinn daraus zu ziehen. Doch zugleich hatte das Fest noch eine symbolische Funktion. Die Veranstalter stellten großspurig ihr ökonomisches Potential zur Schau, um zu bedeuten: »Seht her, wir sind die Größten.«

Auf die Spitze getrieben wurde die allgemein menschliche Angewohnheit der temporären Völlerei bei den Siuai in Bougainville. Bei ihren Festen wetteiferten die gastgebenden *mumis* (Anführer) um den Ruhm, der Freigebigste von allen zu sein, weil dies ihre Position sicherte und festigte. Regelmäßig veranstalteten sie für ihre Untertanen wahre Orgien, denn zu den guten Gaben, die verteilt wurden, zählten neben Unmengen von Schweinen, Kokoskuchen und Sago-Mandel-Puddings auch Frauen. Ein alter Stammeskrieger berichtete: »Wir bumsten die ganze Nacht lang und wollten immer noch mehr... Mit dem Essen war es genauso. Das Versammlungshaus war immer vollgestopft mit Essen, und wir aßen und aßen und bekamen nie genug. Das waren wunderbare Zeiten.«

Unübersehbar ist bei einem solchen Vergleich die zivilisierende Wirkung des Christentums, vor allem des protestantischen. Doch in der neuzeitlichen Moderne hat es seine zügelnde Kraft eingebüßt, und wer heute den Menüplan für die stillen Tage aufstellt, weiß, daß er *noch mehr* futtern wird als sonst. Das weihnachtliche Festmahl ist noch immer der Kalorienhöhepunkt des Jahres.

Rechnen wir einmal ein traditionelles Menü durch (alle Angaben für eine Person):

- vorweg ein Sherry (500 kJ/120 kcal),
- 200 ml Champignon-Sahne-Cremesuppe (1013 kJ/242 kcal),
- 250 g Gänsebraten (3575 kJ/855 kcal) mit 200g Rosenkohl, in Butter geschwenkt (1128 kJ/270 kcal) und 200 g Kartoffelpürree (ebenfalls mit Sahne und Butter, man gönnt sich ja sonst nichts: 1370 kJ/327 kcal),
- als Dessert Rahm-Vanilleeis mit heißer Schokoladensoße (1669 kJ/398 kcal);
- dazu zwei große Pils oder ein halber Liter Bordeaux (rund 1450 kJ/350 kcal),
- zur Verdauung ein doppelter Grappa (395 kJ/94 kcal);
- das macht summa summarum 11 100 kJ oder 2656 kcal.

Um die wieder abzuarbeiten, müssen Sie 13,5 Stunden spazierengehen oder 10,5 Stunden schwimmen oder 7,3 Stunden Holz hacken. Rechnet man ein normales Frühstück hinzu (2100 kJ/500 kcal), einen kräftigen Imbiß (3000 kJ/720 kcal), Erdnüsse und Chips vor dem Fernseher (2100 kJ/500 kcal) und über den Tag verteilt Plätzchen, Schokolade, Marzipan und so weiter (mindestens 4200 kJ/1000 kcal), kommen an so einem Festtag leicht 22 500 kJ oder rund 5400 kcal zusammen.

Nach den Empfehlungen der Deutschen Gesellschaft für Ernährung reicht das sogar einem Schwerstarbeiter für zwei Tage, eine Sekretärin kommt gleich drei damit über die Runden. Mahlzeit. → Obesität

Fidibus: Irgendwann zwischen der Brockhaus-Ausgabe von 1970 und der von 1982 ist der Fidibus endgültig verschwunden, aus dem Lexikon wie aus unserem Alltagsleben. Gasfeuerzeuge, Kaminstreichhölzer, Grillanzünder und Zentralheizungen haben ihm den Garaus gemacht. Dabei war er jahrhundertelang ein wichtiges Winterutensil: Mit dem zu einem Streifen gefalteten oder zu einer länglichen Wurst verdrellten Stück Altpapier wurden das Feuer im Ofen, im Kamin entfacht, die Pfeife in Brand gesetzt und die Kerzen am Weihnachtsbaum angezündet (wegen der schwer kontrollierbaren

Flammengröße ist für den letztgenannten Zweck eine – möglichst nichttropfende – Kerze die bessere Wahl). Aufgrund der kompakteren Form brannte das Papier nämlich wesentlich langsamer ab, war aber viel leichter zu entzünden als ein Holzspan, und die längliche Gestalt sorgte dafür, daß seine Flamme erheblich länger vorhielt als die eines Streichholzes, während man zugleich zum Brennmaterial sicherheitshalber größeren Abstand halten konnte.

Diese sinnvolle Zweitverwertung ausgelesener Zeitungen hat wahrscheinlich viel ältere Ursprünge, das Wort dafür – offensichtlich lateinisch, aber anscheinend sinnlos – gibt es jedoch erst seit dem 17. Jahrhundert. Es soll aus der Studentensprache stammen. *Et ture et fidibus iuvat placare*... lautet ein Vers von Horaz: »Mit Weihrauch und Saitenklängen wollen wir die Götter besänftigen.« Und die Studenten sollen kalauernd *ture* (Ablativ Plural von *tus*, Weihrauch) als Tabaksqualm und *fidibus* (Ablativ Plural von *fides*, Saite) als Pfeifenanzünder uminterpretiert haben.

Apropos Latein, hier noch ein alter Studentenkalauer als harte Nuß für Leser mit kleinem und großem Latinum: *Unus ignis quis vir multus de audere et clamavit: O, meus prohibere!* (Auflösung am Ende der Danksagung, aber bitte erst einmal gründlich probieren!)

Flatulenz (von lat. *flatus*, Windhauch): Blähungen, wie sie gerade zur Winterzeit nach reichlichem Genuß von Hülsenfrüchten, Kohl, frischem Backwerk und dem meist jungen Weihnachtsbier auftreten. Auslöser kann auch eine krankhaft veränderte Darmflora sein. Bei anhaltenden Beschwerden (der sogenannten Blähsucht) kann es zum Meteorismus kommen, dem Bläh- oder Trommelbauch, worunter man jede übermäßige Gasansammlung in den Hohlorganen des Bauchraums oder in der freien Bauchhöhle versteht, die zur Auftreibung der Bauchdecke und zum Zwerchfellhochstand führt.

Abhilfe schafft bei normaler Flatulenz im allgemeinen, die angesammelten Gase in Form des Flatus (Furz) entweichen zu lassen, wobei im abendländischen Kulturkreis auditive und olfaktorische Belästigungen der Mitmenschen möglichst zu vermeiden sind.

Eine Ausnahme stellen die Raumfähren der NASA dar: Weil in der Schwerelosigkeit die mit dem Essen geschluckte Luft nicht nach oben durch die Speiseröhre qua Eruktation (Rülpsen) entweichen kann, nimmt sie mit der Nahrung den Weg durch den Darm, so daß die Astronauten in besonderem Maß unter Flatulenz leiden und das Furzen in Gegenwart anderer an Bord akzeptieren. Gottlob gibt es auf der »Enterprise« mit ihrer über 400 Mann starken Besatzung künstliche Schwerkraft, sie dränge sonst in olfaktorische Dimensionen vor, die nie ein Mensch zuvor gerochen hat.

Eine Sonderform ist der Flatus vaginalis, das hörbare Entweichen von Luft aus der Vagina, auch Garrulitas vulvae genannt, wozu es vor allem bei Darmscheidenfisteln kommen kann, aber auch bei der nicht unbeliebten Positio a tergo, wenn unwillentlich hineingepumpte Luft bei den orgasmischen Kontraktionen wieder entweicht. So berichtet der Marquis de Sade von einem Kardinal, der den »Degen« so zu führen wußte, daß den Huren nichts anderes übrig blieb, als bei jedem Stoß ein lautes »frarrp« von sich zu geben.

Frost: Allgemein versteht man unter Frost, wissenschaftlich ausgedrückt, jedes Absinken der Lufttemperatur unter den Gefrier- beziehungsweise Taupunkt von Wasser (0 °C bei 1 atm) sowie alle damit verbundenen Phänomene an der Erdoberfläche beziehungsweise an auf dieser stehenden Objekten.

Die maximale Eindringtiefe des Frostes in den Boden beträgt in Mitteleuropa rund ein Meter. Doch soweit kommt es in der Adventszeit bei uns noch nicht, sie ist meist nicht durch Eistage geprägt (worunter der Meteorologe Tage versteht, an denen die Temperatur *ständig* unter 0 °C liegt), sondern nur durch einige Frosttage (an denen die *tiefste* gemessene Temperatur weniger als 0 °C beträgt). Wir haben im Dezember also ein sogenanntes Frostwechselklima mit häufigen Schwankungen um den Nullpunkt, wobei es in klaren Nächten (Wärme-

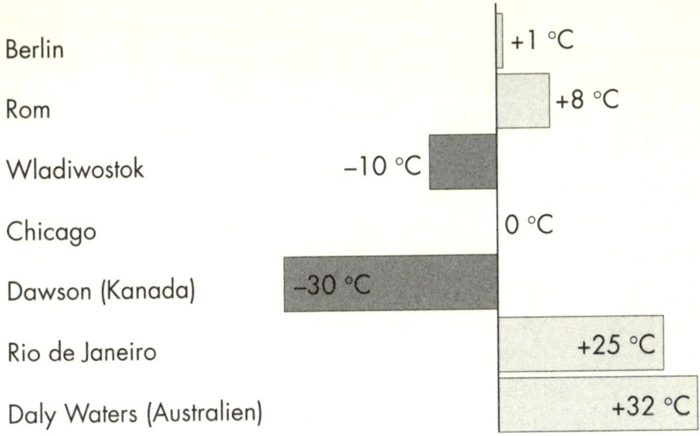

Einige Durchschnittstemperaturen im Dezember

abstrahlung) und vor allem bei einfließender Kaltluft zu Nachtfrösten kommt, die bei feuchten Fahrbahnen zur Freude der Kfz-Reparaturbetriebe zu den sattsam bekannten Gefahren durch überfrierende Nässe führen, welche gern den morgendlichen Berufsverkehr kollabieren lassen.

Regelmäßiger Bodenfrost ist für die Ausbildung einer feinen Krume essentiell: Das im Erdreich befindliche Wasser dehnt sich beim Frieren aus (bis zu 10%), sprengt dadurch bestehende Strukturen auf und verschiebt die Bodenpartikel auch gegeneinander, so daß diese immer feiner werden. Wie groß die dabei auftretenden Kräfte sein können, zeigt die Gelifraktion oder Frostsprengung, bei der das in Ritzen oder Kapillarräumen gefrierende Wasser ganze Felsen zerbröseln läßt. Gewöhnlicher Kalkstein zeigt schon nach einmaligem Frost deutliche Risse, der chemisch identische, aber wesentlich härtere Marmor erst nach mehr als hundertmaligem Gefrieren.

Das Ganze funktioniert, wiederum zur Freude der Kfz-Reparaturbetriebe, auch sehr gut bei Straßendecken, besonders wenn das durch primär gebildete Ritzen eingedrungene Wasser bei abermaligem Gefrieren wiederum durch seine Ausdehnungskräfte zum sogenannten beulenartigen Frostaufbruch führt, der sich nach Abtragung des gelockerten Materials durch Autoreifen dann im nächsten Sommer als prächtiges Schlagloch präsentiert.

Vom beulenartigen Frostaufbruch zu unterscheiden ist die Frostbeule (medizinisch: Pernio), eine schleichende Entzündung im Gewebe von Körperteilen, die durch regelmäßige, häufige Kälteeinwirkung hervorgerufen wird. Symptome sind bläuliche Verfärbung, Schwellung, Schmerz oder Juckreiz, teigige Konsistenz, glatt-glänzende Oberhaut, eventuell mit Blasenbildung bis hin zur Ulzeration (Geschwürbildung) und Nekrose (Absterben von Gewebe).

Besonders anfällig dafür ist der sogenannte Frostballen: Bei Hallux valgus (im Grundgelenk seitlich abgewinkelter großer Zehe) wird, meist wegen zu enger Schuhe, der Fuß am weiter hervor ragenden Mittelfußköpfchen I schlecht durchblutet und erleidet dadurch besonders leicht Frostschädigungen.

Für die Unvereinbarkeit von zivilisationsgeschädigten unteren Extremitäten mit modischem Schuhwerk gibt es in Frankfurt am Main die treffende Metapher: »Hör uff, Pariser Stiwwelsche unn Bernemmer Fieß!« → Eis, Erfrieren, Reif, Schnee

7

Gabenbringer: Wer zu Weihnachten nun den Kindern die Geschenke bringt, das → Christkind, der → Weihnachtsmann oder UPS, ist heute wohl von Familie zu Familie verschieden. Einst war es für lange Zeit der → Nikolaus. Nach der Reformation setzte Luther alles daran, ihn als katholischen Heiligen zu verbannen und durch den »Heiligen Christ« zu ersetzen. Das evangelische Volk verniedlichte diesen dann mit viel Phantasie zur Engelsgestalt des → Christkinds, während bei den Katholiken weiterhin der Nikolaus im Dienst blieb.

Aus irgendwelchen Gründen, die die Kulturanthropologie noch nicht aufdecken konnte, kommt es in der ersten Hälfte des 19. Jahrhunderts zu einem merkwürdigen Wandel: In enger Anlehnung an die Gestalt des Nikolaus wird der säkulare → Weihnachtsmann erfunden, der sich rasch in den protestantischen Ländern durchsetzt. Das Christkind wird in die katholischen Regionen abgeschoben und dort begeistert aufgenommen, vermutlich weil der Weihnachtsmann dort doch als allzu weltlich empfunden wurde. Die Folge war eine komplette Verkehrung der Verhältnisse in wenigen Jahrzehnten.

1932 untersuchten Volkskundler wissenschaftlich die regionale Distribution der Gabenbringer: Diagonal durch Deutschland zog sich fast wie mit dem Lineal gezogen eine Scheidelinie von der Emsmündung bis ins Dreiländereck zwischen Sachsen, Oberfranken und Böhmen; nordöstlich davon war überwiegend der Weihnachtsmann zuständig, südwestlich davon dominierte das Christkind. Allein auf die Konfessionszugehörigkeit kann diese Verteilung allerdings nicht zurückzuführen gewesen sein, denn die evangelischen Länder Hessen-Kassel und Hessen-Nassau sowie das pietistische Württemberg lagen nach dieser Untersuchung im Christkind-Reich, das auch noch einen merkwürdigen Zacken ins ebenfalls evangelische Thüringen austrieb. Und in zumindest einer Ulmer Familie tat, obwohl protestantisch, noch in den fünfziger Jahren das Christkind Dienst. Auch in einem Internat der französischen Schweiz, wo es zwar *Le bon enfant* (»das gute Kind«) hieß – aber aussah wie der Nikolaus.

Ansonsten ist in Frankreich *père Noël* zuständig, der Weihnachtsmann, allerdings leistet Montbéliard sich die Ausnahme, auch eine *mère Noël* zu kennen, die sich nicht wie ihr männlicher Kollege kleidet, sondern wie eine Marktfrau.

Im katholischen Österreich tut das Christkind als Gabenbringer Dienst, in der deutschsprachigen Schweiz, für ihren Pragmatismus bekannt, bekommen die Kinder an Weihnachten die Geschenke ganz unromantisch direkt von den Erwachsenen überreicht. Dafür besucht sie aber am 6. Dezember zum Trost der Samichlaus, der Nikolaus, und gibt ihnen nach erfolgreichem Aufsagen eines Gedichts oder Absingen eines Liedes ein, zwei Kleinigkeiten aus seinem großen Sack.

In der angelsächsischen Welt hat man, obwohl überwiegend nichtkatholisch, am Nikolaus festgehalten, der allerdings zu Weihnachten beschert (→ Santa Claus). Wieder anders geht es in Spanien zu, wo Weihnachten überhaupt kein Kinderfest ist, sondern – von der Messe abgesehen – eine große Freß- und Lärmorgie für die Erwachsenen. Die Kinder werden dort traditionellerweise am 6. Januar von den Heiligen Drei Königen beschenkt, und das bringt die dortigen Kaufhäuser in arge finanzielle Bedrängnis, müssen sie doch in der Adventszeit nicht nur einen, sondern gleich drei Gabenbringer auftreten lassen (darunter heute möglichst einen echten Negriden als Darsteller des Mohren), und wenn es ein großes Kaufhaus ist, gesellt sich auch noch mindestens ein lebendes Kamel dazu. Seit ein paar Jahren allerdings weichen die alten Traditionen auf, die Erwachsenen beschenken sich zu Weihnachten, und die Kinder bekommen zu Nikolaus ebenfalls schon ein paar Sachen.

Auch im deutschsprachigen Raum haben nach dem Zweiten Weltkrieg die stetig gewachsene Mobilität der Bevölkerung und die steigende Zahl von interkonfessionellen Eheschließungen zu einer erheblichen Durchmischung der Zuständigkeiten geführt, und heute ist durch den ubiquitären Einfluß der Massenmedien, die zunehmende Religionslosigkeit und die Marketinganstrengungen der Schokoladenindustrie überall der Weihnachtsmann auf dem Vormarsch.

Geschenkestreß: Schön wär's ja, wenn wirklich der Weihnachtsmann oder das Christkind die Geschenke brächte. Da wir sie aber nun einmal selbst uns ausdenken und besorgen müssen, ist der damit verbundene Streß ein Adventsphänomen, das in den letzten Jahrzehnten Wachstumsraten erfahren hat, die sich zum steigenden Lebensstandard exponentiell verhalten.

Streßauslöser können ganz unterschiedliche mit dem Vorgang des Schenkens assoziierte Probleme sein. Das gravierendste ist der Zeitdruck. Theoretisch wäre er zwar am einfachsten zu eliminieren, indem man sich übers Jahr eine Liste mit guten Geschenkideen anlegt und diese von Oktober an abzuarbeiten beginnt. Doch obwohl die langfristig vorausplanende Intelligenz gerade ein wesentliches, ihn von den anderen Primaten unterscheidendes Charakteristikum des *Homo sapiens* ist, pflegt sie bei den meisten Zeitgenossen in dieser Hinsicht durch einen Totalausfall zu glänzen. Was dazu führt, daß am letzten verkaufsoffenen Werktag des Advents der öffentliche Nahverkehr ebenso kollabiert wie das Zentralnervensystem ebendieser Zeitgenossen.

Daneben ist die Frage, wem was geschenkt werden soll, der größte Streßfaktor. Doch obwohl die phantasievolle Kreativität gerade ein wesentliches, ihn von den anderen Primaten unterscheidendes Charakteristikum des *Homo sapiens* ist – siehe oben. Bei Männern kommt noch ein weiterer Streßfaktor hinzu: daß sie sich einfach nicht merken können, welche Konfektionsgröße die Dame ihres Herzens hat, obwohl doch das numerische Langzeitgedächtnis – siehe oben. Wie DOB-Verkäuferinnen berichten, kaufen die amnesischen Lebensabschnittspartner oder Ehegatten folglich grundsätzlich Größe 38, und zwar völlig unabhängig von den tatsächlichen Dimensionen der Gattin beziehungsweise Lebensgefährtin. Die Sozialpsychologen erforschen gerade, ob die Männer dies als Kompliment meinen oder ob sie davon ausgehen, daß das gewählte Stück ohnehin umgetauscht wird, die Größe mithin von keinerlei Belang ist.

Folglich ist das auf den allerletzten Drücker gekaufte Verlegenheitsgeschenk zum Regelfall geworden. Onkel Erwin bekommt also Sokrara, Tante Else Roprapa (Socken/Krawatte/Rasierwasser, Roman/Pralinen/Parfüm). Beliebt ist auch die peinlichste Notlösung, der selbstgemalte Gutschein für irgendwas. Vor allem bei den Schenkenden, denn oft genug wird das Einlösen vergessen. Meist, weil der Gutschein aus Versehen mit dem Berg geknüllten Geschenkpapiers entsorgt wird. Was für den Beschenkten ärgerlich ist, wenn der Gutschein, gut versteckt, einen Geldschein für das irgendwas enthielt.

Dank seiner relativen Unpersönlichkeit mutiert das Verlegenheits- auch gern zum Rotationsgeschenk, das alljährlich neu verpackt an den nächsten Onkel weiterwandert. Und wegen des weihnachtlichen Versagens des Langzeitgedächtnisses (siehe oben) macht es dabei gar nichts, wenn es nach zwei, drei Weiterreichungen der ursprüngliche Schenker zurückerhält. (Sollte er es dennoch bemerken, wird ihm wenigstens ein lehrreicher Einblick in die Qualität seines eigenen Geschmacks geboten.)

Eingebrockt haben uns das Ganze die → Heiligen Drei Könige, die angeblich die ersten waren, die zur Weihnachtszeit etwas verschenkten. (Was gar nicht stimmt, → Saturnalien.) → Gold, → Weihrauch und → Myrrhe sollen sie dem neugeborenen Jesus dargebracht haben, steht im Matthäus-Evangelium. Schade, daß sich diese drei nicht als Standardgeschenke durchgesetzt haben. Dann könnten wir uns viel Kopfzerbrechen ersparen, und jeder würde jedem, in Form perfekter Rotationsgeschenke, einfach Goweimy überreichen.

Glaskugeln: Neben → Kerzen und → Lametta seit Mitte des 19. Jahrhunderts der beliebteste → Christbaumschmuck. Erfunden wurden sie im Thüringer Wald, wo die älteste Glashütte, die von Lauscha, auf 1597 datiert wird. Daß die Gegend zu einem Zentrum der Glasverarbeitung wurde, lag zum einen an den zur Glasherstellung notwendigen Rohstoffen, die es hier reichlich gab, am Holzreichtum des Waldes (Brennstoff) und an der großen Armut, die viele Thüringer zwang, miserabel bezahlte Heimarbeit anzunehmen. Schon früh stellte man hier kleine Glasperlen her, die mit Blei oder Fischsilber (eine Art Perlmuttlack aus Fischschuppen) verspiegelt oder mit farbigem Wachs gefüllt wurden. Mit verbesserten Techniken (Blasebalg) konnten diese Perlen allmählich mit immer größerem Durchmesser und immer dünnwandiger hergestellt werden, und 1848 verzeichnet ein Auftragsbuch erstmals »6 Dutzend Weihnachtskugeln in 3 Größen«.

1867 bekam Lauscha ein Gaswerk, und damit wurde die preiswerte Massenproduktion von Glaskugeln möglich. Sie wurden, wie die Perlen, mit Blei verspiegelt oder klar gelassen, aus farbigem Glas geblasen oder außen mit Glimmer verziert. Eine Thüringer Spezialität (natürlich stellte man bald auch andernorts Glaskugeln her) bestand darin, das Blei streifig in die Kugel laufen zu lassen und die freigebliebenen Flächen mit farbigem Wachs auszugießen. In den siebziger Jahren des 19. Jahrhunderts begann man dann statt mit dem giftigen Blei mit Silbernitrat zu verspiegeln (so macht man es auch heute noch).

Zu den Kugeln gesellten sich bald auch noch andere Formen – Früchte, Tannenzapfen, Glocken, sogar Engel mit beweglichen Flügeln. 1898 umfaßte der Katalog einer Lauschaer Firma bereits 300 verschiedene Glasschmuckgegenstände. Die Herstellung von gläsernem Christbaumschmuck war zum wichtigsten Erwerbszweig der thüringischen Glasindustrie geworden.

Glas (das Wort stammt aus dem Althochdeutschen und bedeutete ursprünglich »Bernstein«) ist chemisch betrachtet ein anorganisches Schmelzprodukt, im wesentlichen eine Mischung aus Siliciumdioxid (Bergkristall, Quarzsand, Feuerstein) und diversen Zugaben wie Soda, Kalk, Pottasche, Dolomit, Glaubersalz, Bleioxid oder Feldspat, mit denen die Einschmelztemperatur und, je nach Verwendungszweck, bestimmte Eigenschaften des Glases beeinflußt werden. Die Schmelze muß so abgekühlt werden, daß es nicht zu einer Kristallisation kommt. Physikalisch ist erstarrtes Glas also ein amorpher Stoff, das heißt, das bekanntlich ziemlich spröde Material ist eigentlich – flüssig. Allerdings *äußerst* zähflüssig. Dennoch kann man bei sehr alten Schaufensterscheiben beobachten, daß sie am unteren Rand dicker sind als weiter oben und gelegentlich sich sogar über die Einfassung leicht ausgebuchtet haben: Das Glas der Scheibe ist in vielen Jahrzehnten ein ganz klein wenig nach unten »gelaufen«.

Leider ist von dieser theoretischen Zähflüssigkeit im praktischen Gebrauch wenig zu merken, so daß es, wenn der Weihnachtsbaum umfällt, zu einem »hochinteressanten Zerstörungshorizont« kommt, wie die Archäologen es ausdrücken würden.

Gold: Die einzige Gabe der → Heiligen Drei Könige, die ihren weihnachtlichen Geschenkstatus bis auf den heutigen Tag halten konnte, wenn auch meist in Form von edlem Schmuck.

Gold, chemisches Zeichen Au (von lateinisch *aurum*, Gold), Ordnungszahl 79, spezifisches Gewicht 19,32, ist ein seltenes, sehr weiches, also gut dehn-, schmied- und walzbares Edelmetall, das sehr reaktionsträge ist und beispielsweise von keiner Säure außer dem Königswasser (3 Teile konzentrierte Salzsäure auf 1 Teil konzentrierte Salpetersäure) angegriffen wird. Der Schmelzpunkt liegt bei 1063 °C, der Siedepunkt bei 2960 °C. Der Anteil an der Erdkruste beträgt im Durchschnitt winzige 0,005 g/t.

Da Gold in der Natur in reiner Form vorkommt (eben aufgrund seiner chemischen Stabilität), haben es die Menschen schon früh entdeckt – in der ausgehenden Jungsteinzeit –, wegen seiner Schönheit bewundert und wegen seiner Wertstabilität schätzen gelernt. Seit den frühen Hochkulturen ist es das Symbol für Reichtum und Macht schlechthin. Die Ägypter bezogen ihr Gold aus Nubien (*Nub* war ihr Wort für Gold) und betrieben ab 2000 v. u. Z. auch schon den Abbau in Bergwerken. Auch in Siebenbürgen gibt es ein Goldbergwerk aus dieser Zeit. Berühmt sind die Masken und Geschmeide, die Heinrich Schliemann in Troia und in Mykene fand. Auch die Kelten, Germanen und Slawen hatten und schätzten das kostbare Metall, und genauso die Hochkulturen Mittel- und Südamerikas.

Den Hellenen galt das Goldland Aea (Kolchis, heute Georgien) als reichste Fundstätte. Sowohl Strabon wie Appianus berichteten, dort habe man Gold aus dem Wasser von Flüssen und Bächen gewonnen, indem man einfach Schaffelle in die Strömung legte; in der Wolle verfingen sich die feinen Goldkörnchen, die das Wasser aus dem Kaukasus mit sich führte, und man brauchte sie nur in regelmäßigen Abständen herauszuklauben. (Wären die Goldwäscher im Wilden Westen humanistisch gebildet gewesen, hätten sie sich viele Mühen sparen können.) Aufgrund dieses Verfahrens entstand höchstwahrscheinlich auch der Mythos vom Goldenen Vlies des Aetes, dem Iason und die Argonauten nachjagten: Wahrscheinlich unternahmen sie einfach einen schnöden Raubzug, bei dem sie solche Felle zu ergattern trachteten.

Daß Gold außer für Ritualgeräte überwiegend zu Schmuck verarbeitet wurde, hatte früher neben dem ästhetischen einen überaus profanen und praktischen Aspekt: Vor der Erfindung von Türschlössern und Tresoren war die Wertanlage am eigenen Körper am sichersten untergebracht, gerade auch auf Reisen. Ein Händler konnte jederzeit und überall einen Goldring oder -reif kapitalisieren oder in Waren umtauschen, genau wie heute zwielichtige Gestalten in Not mal eben ihre Rolex zu Geld machen.

Noch wichtiger war der Goldschmuck für die Frauen: Sie trugen gewissermaßen ihre Altersrente am Leib, falls ihre Männer vor ihnen starben oder sie verstießen. Das erklärt, warum auch heute noch in vielen orientalischen Ländern die Frauen, so es ihre Gatten sich leisten können, sich so überreich mit Goldschmuck beringen und bereifen und behängen lassen: Altersvorsorge, keine Geschmacksverirrung.

Was → Joseph mit dem Gold machte, das → Jesus dargebracht worden war, ist leider nicht überliefert.

Gourmet-Syndrom: Plötzliches und zwanghaftes Verlangen nach exquisitem Essen, das selbst bei völliger Sättigung auftreten kann. Als Krankheit kürzlich entdeckt von dem Schweizer Nervenarzt Theodor Landis. Nicht zu Verwechseln mit der qualitativ unspezifischen → Hyperorexie. Die genaue Genese des Leidens ist noch unklar, aber Landis, der eine erste Gruppe von 34 Patienten untersuchte, die anfallartig ausschließlich an kulinarischen Höhenflügen interessiert sind, konnte bei allen Schädigungen in der rechten Gehirnhemisphäre feststellen. Menschen, die am Gourmet-Syndrom leiden, fühlen sich vermutlich in der Weihnachtszeit noch am relativ wohlsten, da sie dann nicht nur ihre Bedürfnisse leicht befriedigen können, sondern ihr Verhalten von ihrer Umwelt auch kaum als auffällig wahrgenommen werden dürfte.

8

***H*eiligabend**: → Datum

Heilige Drei Könige: Caspar, Melchior und Balthasar waren gar keine Könige, heilig sind sie auch nicht, wahrscheinlich hießen sie ganz anders, und es ist noch nicht einmal klar, ob es drei waren. Bei Matthäus ist (in der griechischen Bibelfassung) nur von *mágoi* die Rede; dieser Ausdruck bezeichnete die Mitglieder einer persisch-babylonischen Priesterkaste, die sich mit Astronomie beziehungsweise Astrologie befaßte; in der deutschen Einheitsübersetzung werden sie daher korrekt »Sterndeuter« genannt. *Mágoi* wurde wohl des öfteren falsch mit »Magier« übersetzt, und daraus wurden die »Weisen«, als die wir sie auch kennen.

Die Behauptung, es seien drei gewesen, ist auf die drei Gaben zurückzuführen, die sie darreichten: → Gold, → Weihrauch und → Myrrhe. Papst Leo I. (440–461) hat sich das ausgedacht. Und zu Königen wurden sie wahrscheinlich umstilisiert, weil in einer Messias-Prophezeiung des Alten Testaments davon die Rede ist, daß Könige ihm Geschenke bringen werden – und biblische Prophezeiungen haben ja schließlich in Erfüllung zu gehen.

Ihre Namen bekamen sie dann um 500. In einer armenischen Kindheitsgeschichte Jesu aus jener Zeit tauchen sie als König Melkon von Persien, König Gaspar von Indien und König Baltassar von Arabien auf. Um 725 beschrieb der angelsächsische Geschichtsschreiber Beda Venerabilis sie als Caspar aus Thorsis, Melchior aus Nubien und Balthasar aus Godolien. Traditionellerweise wird einer von ihnen als Mohr dargestellt, in den USA gibt es allerdings auch → Krippen, bei denen einer von ihnen zu einem Indianerhäuptling samt Federschmuck mutiert ist.

Heilig sind sie schlicht und einfach deswegen nicht, weil es um sie nie ein Heiligsprechungsverfahren gegeben hat, welches in der katholischen Kirche zur Erlangung dieses Status zwingend vorgeschrieben ist. Ihre Initialen C + M + B, mit denen man in katholischen Gebieten den Türstock schmückt, werden von der Theologie offiziell denn auch als *Christus mansionem benedicat* interpretiert, »Christus segne dieses Haus«, um ja nicht in den Verdacht abergläubischer Umtriebe zu kommen.

Trotzdem werden ihre Gebeine noch immer im Kölner Dom als Reliquien verehrt. Die Mutter eines Kaisers von Byzanz will die Knochen anläßlich einer Pilgerfahrt im Heiligen Land gefunden haben. Ihr Sohn soll sie dann Ende des 4. Jahrhunderts Mailand geschenkt haben. Über einen dortigen Reliquienhändler seien sie 1158 schließlich in den Besitz Rainald von Dassels gekommen, der damals Erzbischof von Köln war. Wenn diese Geschichte stimmt, wovon ganz und gar nicht auszugehen ist, beten also Kölner Katholiken heute völlig zu Unrecht Skelettknochen von babylonischen Paläoastronomen an. → Stern von Bethlehem

Hirschhornsalz: Veraltetes Treibmittel für Backwaren, das überwiegend nur noch, vermutlich aus Nostalgiegründen, in der privat betriebenen Weihnachtsbäckerei zur Herstellung von Flachgebäck (zum Beispiel → Lebkuchen) verwendet wird. Der Begriff leitet sich daraus ab, daß das Material früher durch Trockendestillation aus tierischen Hornabfällen, zum Beispiel Geweihbruch, gewonnen wurde. Fällt heute als technisches Nebenprodukt an.

Chemisch betrachtet ist Hirschhornsalz ein Gemisch von verschiedenen Ammoniumsalzen, die ab 60 °C in Wasser, Kohlendioxid und Ammoniak zerfallen ($NH_3 + CO_2 + H_2O$). Die sich bildenden Kohlendioxidbläschen lockern den Backteig und treiben ihn in die Höhe, während das Ammoniak bewirkt, daß das Flachgebäck zunächst unangenehm nach Salmiakgeist stinkt und erst gründlich auslüften muß, ehe es als genießbar gelten kann. Wobei die Lebkuchen in der Regel hart und damit wieder ungenießbar werden. Nostalgie hat nun einmal ihren Preis. → Pottasche

Hirtenspiele: Auch Krippen- oder Weihnachtsspiele genannte volkstümliche Sonderform von christlichen Mysterienspielen. Auf welchen Theater- und Kulttraditionen diese genau fußen, ist umstritten. Eine erste Blüte hatten sie auf alle Fälle im 6. Jahrhundert im griechischen Sprachraum.

In Mittel- und Westeuropa verbreiteten sie sich erst ab dem 10. Jahrhundert (die Bezeichnung Mysterienspiele erhielten sie übrigens erst im 14. Jahrhundert in England und Frankreich). Zu Beginn des 12. Jahrhunderts wurden die Darstellungen immer üppiger und umfangreicher. Bei den Weihnachtsspielen gesellten sich so zur Geburt Jesu und der Anbetung der Hirten und der Könige die Schöpfung, der Sündenfall und die Vertreibung aus dem Paradies, der Kindermord zu Bethlehem und die Flucht nach Ägypten. Gott, die Engel, der Teufel, Propheten, Heilige und Übeltäter bekamen ihren Auftritt, und schließlich auch noch lebende Esel, so daß Papst Innozenz III. sich genötigt sah, 1210 die Aufführung dramatischer Spiele in den Kirchen zu untersagen und den Geistlichen jegliche schauspielerische Betätigung zu verbieten.

Der Beliebtheit der Spiele tat das keinen Abbruch, im Gegenteil. Zum einen ließ sich das Kirchenverbot nie ganz durchsetzen, zum anderen wurden die Spiele erst auf die Kirchplätze, dann auf die Märkte verlagert. Dabei konnten ihre Szenen immer drastischer und weltlicher ausgeschmückt werden. Zunehmend wurde aus den Texten das Lateinische verdrängt und durch die Landessprachen ersetzt. Die Weihnachtsspiele mutierten zu Komödienstadeln des Hochmittelalters.

Im 14. und 15. Jahrhundert weiteten sie sich zu mehrtägigen Volksfesten aus. Neben dieser Entwicklung in Richtung Volksschauspiel mit Fahrenden als Darstellern verlief parallel eine andere, die mit Umzügen von Haus zu Haus verbunden war, bei der die Teilnehmer aus dem jeweiligen Ort kamen. Diese Form der Weihnachtsspiele und -umzüge hat sich überwiegend im alpenländischen Raum bis heute erhalten.

Vor allem in die Szenen mit den Hirten selbst wurden schon früh regionale Besonderheiten und Typen eingebracht. In den slowakischen Karpaten, wohin sie wahrscheinlich über Schlesien kamen, entwickelte sich im 17. Jahrhundert eine besondere Tradition der Hirtenspiele: Die biblische Hirtengeschichte wurde mit der vom edlen Räuber Jánošík, der für die Armen und gegen die ungerechte Obrigkeit kämpft, verschmolzen. Diese Handlung fand rasch Anklang und wurde überall entlang der Karpaten übernommen.

Inhaltlich kommt das ziemlich dicht an die modernen Weihnachtsmärchen heran (auch wenn sich natürlich hier wissenschaftlich keine Verbindungslinie ziehen läßt), die trotz Fernsehen den heutigen Stadttheatern mit schöner Regelmäßigkeit zum Fest ausverkaufte Häuser bescheren. Schulklassenweise gelangen die Kinder so zu ihrem ersten Theaterbesuch, bei dem es nicht nur Räubergeschichten, sondern auch Abenteuer auf dem Mond zu bestaunen gibt (für ganze Generationen ist der theaterliche Erstkontakt untrennbar mit »Peterchens Mondfahrt« verbunden). Und die Erwachsenen kommen begeistert mit, weil sich dabei so schön in Nostalgie schwelgen läßt. (Es soll schon vorgekommen sein, daß sich fünf Erwachsene ein Alibikind teilten, um endlich wieder einmal ins Weihnachtsmärchen gehen zu »müssen«.)

Hyperorexie: Krankhafter Heißhunger, der zu → Polyphagie und → Obesität führt. Pathologische Formen sind auf Erkrankungen des Stirnhirns, des Hypothalamus oder der Hypophyse zurückzuführen, psychogene auf ein saisonal bedingtes Überangebot von Nahrungsmitteln bei gleichzeitiger sexueller oder anderweitiger Frustration. Im letzteren Fall richtet sich der Freßanfall meist auf bestimmte Lebensmittel, etwa Süßigkeiten wie Marzipan, Schokolade und ähnliches.

Bei Frauen läßt eine im Januar auftretende und auf Gewürzgurken, Rollmöpse oder Brühwürfel pur abzielende Hyperorexie auf hormonelle Umstellungen schließen, die darauf zurückzuführen sind, daß im Advent bei der Ausübung der körperlichen Nächstenliebe die Verhütung vernachlässigt wurde.

9

Idolatrie (zu Idol): Bilderverehrung, Götzendienst. Im Gegensatz zur ursprünglichen Bedeutung der Adventszeit als Phase der Ruhe, inneren Einkehr und Vorbereitung auf die Ankunft des Erlösers ist heute die Idolatrie eine frequente präweihnachtliche Erscheinung. Sie äußert sich in einer generellen Wertschätzung des heiligen Konsumius und findet ganz bestimmte alters-, schichten- und einkommensspezifische Ausprägungen. Die Jugend neigt besonders zur Götzenanbetung in Gestalt konkreter Menschen ohne Ansehen von deren tatsächlicher moralischer oder religiöser Integrität (Morbus Michael-Jackson), wobei das weibliche Geschlecht, je näher an der Pubertät, desto stärker zu Hysterie und Ohnmachtsanfällen neigt. Doch auch schon hier machen sich erste Anzeichen eines Markenwahns breit (Nikesianismus, Nintendoismus), der sich mit zunehmendem Alter und wachsendem Einkommen ins Aberwitzige steigern kann (vom generellen Sechszylindersyndrom über den akuten Benzismus bis zur chronischen Porschophilie).

Eine ganzjährige Sonderform der Idolatrie ist der überwiegend im deutschen Südwesten verbreitete Häusleskult, dessen Anhänger der Wahnvorstellung erliegen, nur ein Eigenheimbesitzer sei ein voll initiiertes männliches Mitglied der Gesellschaft und verfüge somit über das Recht, eine wiederum voll initiierte Eigenheimerbin zu heiraten, einen Sohn zu zeugen, einen Baum zu pflanzen und mit seinem Zwölfzylinder in des Nachbarn Gartenzäunle zu brettern.

IHS: Sogenanntes → Christusmonogramm, tatsächlich aber eine Abkürzung für Jesus, gebildet aus den ersten drei (Groß-) Buchstaben der griechischen Schreibweise des Namens, *ΙΗΣΟΥΣ*, und später zu IHS latinisiert. Taucht vor allem in zahlreichen Bildwerken, an Plastiken und auch in Handschriften auf. Später wurde es, vielleicht aufgrund abnehmender Griechischkenntnisse, umgedeutet als Abkürzung für *Iesus hominum salvator* (»Jesus, Erretter der Menschen«) oder *In hoc salus* (»In diesem [liegt] Heil«) und noch später auch mit Punkten, I.H.S., geschrieben; der Volksmund interpretierte dieses Kürzel dann als »Jesus, Heiland, Seligmacher«.

Influenza: Aerogen (durch die Luft) übertragene Virusseuche von endemischen, epidemischen oder pandemischen Ausmaßen, hervorgerufen von Influenzaviren aus der Familie *Orthomyxoviridae*, die in die Typen A, B und C unterteilt werden. Besonders häufig treten die massenhaften Erkrankungen zu Beginn des Winters auf, also gerade dann, wenn man sie wegen der stressigen Weihnachtsvorbereitungen gar nicht brauchen kann. Die Inkubationszeit der Influenza (vulgo: Grippe) beträgt 2–3 Tage; sie beginnt mit hohem Fieber, Kopf- und Gliederschmerzen und einem Katarrh der Atemwege, der sich meist in bellendem Husten manifestiert. Es drohen Kreislaufversagen und bakterielle Sekundärinfektionen, die Sterblichkeit beläuft sich auf 1–3%. Akut gefährdet sind vor allem Personen mit schwacher Allgemeinkonstitution, also Kleinkinder, Kranke und alte Menschen. Als Vorbeugung empfiehlt sich die Grippeschutzimpfung oder die winterliche Verlagerung aller Lebensaktivitäten in die Karibik (in diesem Fall fragen Sie zu Risiken und Nebenwirkungen Ihren Personalchef und Ihren Kreditsachbearbeiter).

Von der echten Grippe zu unterscheiden ist der häufig von Laien mit ihr verwechselte grippale Infekt, der sich in ähnlichen, aber abgeschwächten Symptomen anderer Genese äußert (Atemwegsinfektionen wie zum Beispiel Schnupfen, Husten, Heiserkeit, Fieber, körperliches Unwohlsein, klinische Abgeschlagenheit, gelegentlich Dysfunktionen des Magen-Darm-Trakts). Für die Behandlung eines gewöhnlichen viralen Schnupfens gilt die Grundregel, daß er ohne ärztliche Betreuung sieben Tage anhält, mit medikamentöser Versorgung aber nur eine Woche.

Die gegen die echte Influenza empfohlene karibische Winterflucht schützt nicht vor dem grippalen Infekt, da man sich unter Garantie durch die aus der Klimaanlage des Jets strömende Kaltluftdusche einen ordinären Schnupfen einfangen wird und daher gleich zu Hause bleiben kann.

Insolation (von lateinisch *sol*, Sonne): Die Sonneneinstrahlung auf die Erdoberfläche, die in der Summe zwar immer konstant ist, sich aber aufgrund der Mechanik des Erdumlaufs um die Sonne mit den → Jahreszeiten lokal und in Abhängigkeit von der geographischen Breite ändert. Bezogen auf die Nordhalbkugel erreicht die Insolation am 22. Dezember ihr Minimum, am 21. Juni ihr Maximum.

Gegenwärtig (die Daten verschieben sich aufgrund der Präzession der Erdachse in Zyklen von 19000–26000 Jahren) werden die jahreszeitlichen Insolationsdifferenzen dadurch ein Stück weit konterkariert, daß die Erde auf ihrer elliptischen Umlaufbahn am 3. Januar das Perihel (größte Sonnennähe, 147,1 Mio. km) erreicht und am 5. Juli das Aphel (größte Sonnenferne, 152,1 Mio. km, → Abbildungen S. 68–69). Die Insolation ist, global betrachtet, im Januar aufgrund des geringeren Abstands zur Sonne also um 7% größer als im Juli. Leider merken wir davon nichts, weil dann bei uns tiefster Winter ist.

10

Jahresanfang: → Neujahr

Jahreszeit: Die Einteilung des Jahres in Frühling, Sommer, Herbst und Winter ist wegen ihrer immensen Bedeutung für die Landwirtschaft die älteste, von allen Hochkulturen der gemäßigten und subtropischen Zonen entwickelte Form von → Kalender. Der Komplex von Naturphänomenen, anhand dessen die Jahreszeiten unterschieden werden, ist darauf zurückzuführen, daß die Rotationsachse der Erde in einem gewissen Winkel zur Umlaufbahn des Planeten steht. Diese Deklination (Abweichung der Achse von der Senkrechten auf der Umlaufbahn) beträgt gegenwärtig 23° 27', aufgerundet 23,5°; sie schwankt in sehr großen Zeiträumen – ein Zyklus dauert rund 40 000 Jahre – zwischen 22° und 24,5°.

Salopp ausgedrückt, streckt die Erde also in unserem Winter der Sonne ein wenig ihre Südhalbkugel entgegen, in unserem Sommer die Nordhalbkugel. Und da die Ekliptik (die scheinbare Bahn der Sonne über den Himmel) in Abhängigkeit von der geographischen Breite eines Orts vom Himmelsäquator differiert, erreicht die Sonne je nach Jahreszeit unterschiedliche Maximalhöhen über dem Horizont. Am 50. Breitengrad, also auf der Höhe von beispielsweise Mainz, steht sie zu Sommeranfang 40° über dem Horizont, zu Winteranfang nur 16,5°. Anders formuliert: sie scheint mehr oder weniger steil vom Himmel, und dementsprechend gelangt mehr oder weniger Sonnenenergie auf die Erdoberfläche. Zugleich hängt auch die Länge eines Tages von der Höhe der Sonne über dem lokalen Horizont ab, so daß im Sommer die Tage länger, im Winter kürzer sind und folglich je nach geographischer Breite mehr oder weniger Sonnenlicht pro 24 h einfällt. Die Summe beider Effekte erklärt die jahreszeitlichen klimatischen Unterschiede.

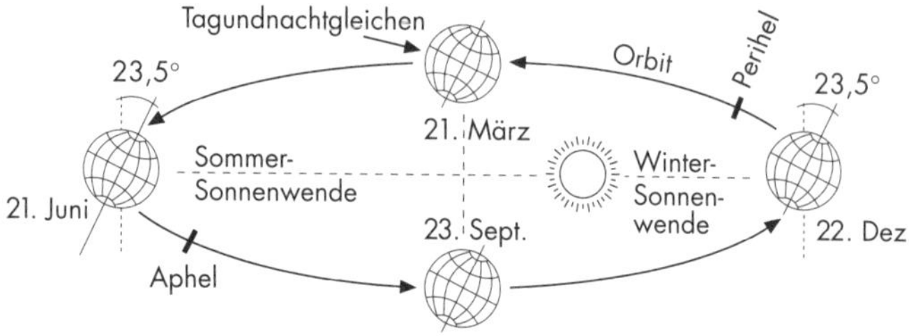

Schematische Darstellung des Erdorbits (nicht maßstabsgerecht)

Je weiter man sich dem Äquator nähert, desto geringer werden die Abweichungen in der lokal zu beobachtenden Sonnenbahn und damit auch die klimatischen Unterschiede. Am extremsten sind die Differenzen jenseits der beiden Polarkreise, wo die Sonne im jeweiligen Winter gar nicht mehr über den Horizont steigt. Zwischen dem Wendekreis des Krebses (23,5° N) und dem des Steinbocks (23,5° S), in den Tropen also, sind die Tage hingegen praktisch immer gleich lang, und das Klima ist, abgesehen von meteorologisch bedingten lokalen Abweichungen in den Niederschlagsmengen, ziemlich konstant.

An den beiden Wendekreisen, deren geographische Breite von jeweils 23,5° eben vom Neigungswinkel der Erdachse bedingt ist, steht die Sonne jeweils zur Sommer- beziehungsweise zur Wintersonnenwende (21. Juni und 22. Dezember) im Zenit, und der Tag ist auf der Nordhalbkugel am längsten beziehungsweise kürzesten. Beim Durchgang der Sonne durch die Äquinoktialpunkte (am 21. März und am 23. September) sind Tag und Nacht hingegen gleich, nämlich jeweils 12 h lang.

Nach diesen vier Daten sind heutzutage die Anfänge der Jahreszeiten astronomisch definiert: Frühling 21. März, Sommer 21. Juni, Herbst 23. September und Winter 22. Dezember, wobei man kalendarisch den Frühlingsanfang auf den 20. März, den Winteranfang auf den 21. Dezember festgelegt hat. Wissenschaftlich betrachtet fällt der Advent größtenteils also noch in den Herbst. Da die jahreszeitlichen Witterungs-

Da die Rotationsachse der Erde nicht senkrecht zu ihrer Umlaufbahn steht, sondern ihr gegenüber um 23,5° geneigt ist, bekommt die Nordhalbkugel im Winter wegen des flacheren Winkels und der kürzeren Tage insgesamt weniger Sonnenernergie ab.

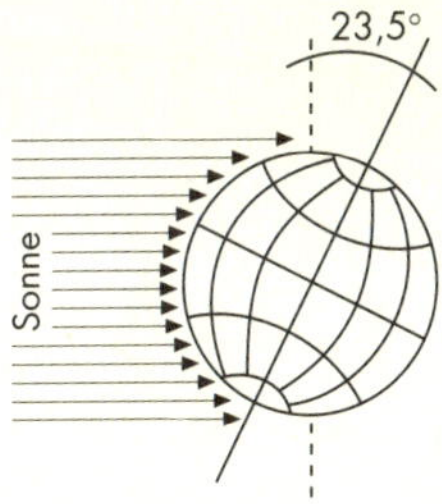

Winterliche → Insolation auf der Nordhalbkugel

phänomene jedoch von den astronomischen abweichen, umfaßt meteorologisch der Frühling März, April, Mai, der Sommer Juni, Juli, August, der Herbst September, Oktober, November und der Winter Dezember, Januar, Februar.

Weil die Umlaufgeschwindigkeit der Erde auf ihrer elliptischen Bahn nach dem 2. Keplerschen Gesetz im Jahreslauf variiert, beträgt die Länge der astronomischen Jahreszeiten nicht genau ein Vierteljahr; so dauert gegenwärtig auf der Nordhalbkugel der Frühling 92 d 18 h, der Sommer 93 d 16 h, der Herbst 89 d 20 h und der Winter 89 d 0 h (d = Tage, genaugenommen sind das die Werte für das Jahr 2000). Wenn Weihnachten vorüber ist, sind also noch 63 d Winter zu überstehen (falls das Wetter sich an die Astronomie hält, womit keinesfalls zu rechnen ist).

Jesus: Auch von der modernen Theologie wird Jesus als reale historische Person gesehen, obwohl die Beweislage nicht gerade günstig ist. Neben den → Evangelien gelten vor allem Erwähnungen des Namens Christus bei den römischen Historiographen Tacitus, Sueton, Plinius d. J. und Josephus Flavius als Beweis für die Historizität der Gestalt, doch es handelt sich durchweg um Sekundärnennungen, nicht um Augenzeugenberichte. Sueton berichtet beispielsweise nur, daß die Juden aus Rom vertrieben worden wären, weil sie, »von Chrestos aufgehetzt, fortwährend Unruhe stifteten«. Ähnlich erzählt Plinius lediglich, die Christen würden sich versammeln, »um Christus als ihrem Gott Wechselgesänge darzubringen«. Und bei Flavius' Hinweis auf Jesus Christus als Gründer einer jüdischen Sekte könnte es sich sogar um eine nachträgliche Hinzufügung handeln. Als verläßlichere Quelle gilt lediglich Tacitus, der sich auf Christus bezieht, »welcher unter der Herrschaft Tiberius' auf Veranlassung des Procurators Pontius Pilatus hingerichtet worden war«.

Nun denn, wenn sein Tod historisch belegt ist, dann muß er auch gelebt haben. Dennoch sind bei der folgenden offiziellen Vita Zweifel angebracht, da die Quellenlage heikel ist: Geboren in Bethlehem, auf jeden Fall vor dem Jahr 4 v. u. Z. (Todesjahr von Herodes, → Datum); Heimatort Nazareth in Galiläa, damals ein unbedeutendes Dorf; seine Brüder tragen Patriarchennamen, was ein streng jüdisches familiäres Umfeld anzeigt; erlernter Beruf: Zimmermann (heute müßte man ihn eher als eine Art Bauingenieur bezeichnen); verbringt den größten Teil seines Lebens in Nazareth, bis er sich dann mit 33 oder 34 (Lukas: »ungefähr 30«) Jahren von Johannes taufen läßt und mit seinem öffentlichen Wirken beginnt; hingerichtet zwischen 26 und 36 u. Z. an einem Freitag, nach den Evangelien am 14. des Frühlingsmonats Nisan; demnach kämen, meint die Bibelforschung (wenn das Geburtsdatum stimmt), der 7. April 30, der 27. April 31 oder auch der 3. April 33 in Frage – nach unserem → Kalender, versteht sich.

Weil das alles so relativ ungesichert ist (und weil offensichtlich der Glaube allein heute vielen Christen nicht mehr reicht – oder ihnen ein Stück weit abhanden gekommen ist), überschwemmt in regelmäßigen Abständen eine wahre Flut von Büchern und Nachrichtenmagazin-Artikeln den Markt, deren Autoren alle für sich in Anspruch nehmen, etwas über den »wahren« oder den »historischen« Jesus herausgefunden zu haben. Und da die Werke sich meist gründlich widersprechen, ist schon rein statistisch gesehen klar, was davon zu halten ist.

Joseph: Vater beziehungsweise Stiefvater von → Jesus, Bauingenieur in Nazareth. Da der Mann so wacker war, trotz der dubiosen Schwangerschaft seiner Verlobten diese zu ehelichen und gleich darauf auch noch mit der Familie nach Ägypten zu fliehen, um seinen neugeborenen Stiefsohn vor der Ermordung zu bewahren, hat ihn die katholische Kirche hoch dekoriert: Als Heiliger wird er gleich an zwei Tagen geehrt (19. März und 1. Mai), und seit Papst Johannes XXIII. wird sein Name im ersten Hochgebet der Meßfeier genannt. Er ist Schutzheiliger der katholischen Kirche, der Arbeiter und auch der Sterbenden.

Das spätere öffentliche Wirken seines Stiefsohns soll er, im Gegensatz zu → Maria, nicht mehr mitbekommen haben. Aber die Anfangszeit war ja turbulent genug. Unbestätigten Gerüchten zufolge soll er auf der Flucht nach Ägypten der erste gewesen sein, der lauthals »Jessasmaria« fluchte – natürlich keineswegs auf Bayrisch.

Josephsehe: Veraltete Bezeichnung für eine Ehe, die sexuell nicht vollzogen wird, wie das nach katholischer Lehrmeinung auch von Joseph und Maria verabredet worden war. Was ja so ganz nicht stimmen kann, denn bei Matthäus hält Joseph sich nur so lange zurück, bis Jesus geboren ist, und Markus erwähnt gleich jede Menge Geschwister von Jesus.

Eine solche Vereinbarung ging man früher ein, wenn mit der Heirat bei gleichzeitiger mangelnder körperlicher Zuneigung ausschließlich materielle Interessen vernüpft waren (vor allem den Grundbesitz mehren) oder wenn gleichgeschlechtliche Dispositionen eines oder beider Partner vor dem gesellschaftlichen Umfeld kaschiert werden mußten. Nach § 1353 des deutschen BGB, § 44 des österreichischen ABGB und Artikel 159 des schweizerischen Zivilgesetzbuchs ist die Verabredung einer Josephsehe nichtig.

Jul: Skandinavische Bezeichnung für das Weihnachtsfest, übernommen von einem Vorläufer, dem gleichnamigen heidnischen Fest der Wintersonnenwende. Die Etymologie ist ungeklärt, muß aber kompliziert sein, denn der Ausdruck findet sich auch im Finnischen, das mit den indoeuropäischen Sprachen Skandinaviens in keiner Weise verwandt ist. Einige Reste der vorchristlichen Sitten und Gebräuche haben sich bis heute erhalten, so etwa der Julblock, ein Holzstamm, der die ganzen Feiertage hindurch brennen muß, der Julbock, eine Bocksgestalt aus Holz und Stroh, und der Julklapp, ein scherzhaft gemeintes Geschenk.

Zu den Ursprüngen berichtet der isländische Dichter Snorri Sturluson (1178–1241), Odin habe einst drei Opfergelage pro Jahr verlangt, eines davon sei das Jultrinken gewesen. Zu Lebzeiten Sturlusons waren die Isländer allerdings schon rund zwei Jahrhunderte lang christianisiert, also stellen seine Ausführungen zum altnordischen Götterhimmel keine allzu verläßliche Quelle dar.

Was einige tiefbraune, germanenselige Volkskundler des Dritten Reichs ziemlich gewurmt haben dürfte, denn sie hätten nur zu gern das ganze Weihnachtsfest als eine christliche Übernahme (oder besser: Vereinnahmung) viel älterer nordischer → Mittwinter-Bräuche »entlarvt« – und haben es mit zumindest zweifelhaftem Erfolg auch versucht. Stimmen kann das ohnehin nicht, denn das meiste, was an Weihnachten heidnischen Ursprungs ist, läßt sich viel schlüssiger aus römischen Vorläufern herleiten, beispielsweise den → Saturnalien und dem → Sol Invictus. Und das ist auch logisch, weil sich das Christentum eben erst in der Form der spätrömischen Staatsreligion in ganz Europa verbreitet hat.

11

***K*alender**: Schon auf der ersten Seite des Alten Testaments steht der Auftrag, einen Kalender zu führen: »Dann sprach Gott: Lichter sollen am Himmelsgewölbe sein, um Tag und Nacht zu scheiden. Sie sollen Zeichen sein und zur Bestimmung von Festzeiten, von Tagen und Jahren dienen.« (Genesis 1,14) Erfüllt haben ihn die Menschen zu allen Zeiten und in allen Kulturen. Um die Rhythmen der Zeit in vorhersehbare Intervalle zu unterteilen, um festzulegen, wann welche Arbeiten zu verrichten, welche Pflichten zu erfüllen und welche Feste zu feiern waren, benutzten sie allerdings ganz unterschiedliche Zählsysteme. Denn dummerweise machen die verschiedenen natürlichen Rhythmen, die sich dafür anbieten, die Sache kompliziert.

Die augenfälligste und einfachste Einheit ist der Wechsel von Tag und Nacht. Für die landwirtschaftlichen Arbeiten sind jedoch die Rhythmen des Sonnenjahrs entscheidend, nach ihnen müssen sich alle Kulturen richten, wenn der Aussaat eine Ernte folgen soll, sofern sie nicht direkt am Äquator siedeln (und selbst die zum Teil, denn die Regenzeiten dort haben gleichfalls einen relativ festen Platz im Sonnenjahr). Der am leichtesten zu beobachtende mittelfristige Zyklus ist dagegen der des Mondes. Doch diese drei Rhythmen lassen sich partout nicht miteinander zur Deckung bringen.

Ein Umlauf der Erde um die Sonne dauert genau 365 d (d = Tag à 24,0 h) *plus* 5 h, 48 min und 46 s. Schon dieser Überhang von fast 6 h pro Jahr macht sich nach einer Weile dadurch bemerkbar, daß die Jahreszeiten durch den Kalender zu wandern beginnen.

Beim Mondumlauf ist es noch komplizierter: Der siderische Monat (die Zeit, die der Mond braucht, um auf seiner Bahn mit demselben Fixstern wieder in Konjunktion zu stehen) dauert

27 d, 7 h, 43 min und 11,5 s; der tropische Monat (gemessen am Durchlauf des Monds durch den Frühlingspunkt) mißt 27 d, 12 h, 44 min und 2,8 s. Die mittlere Zeit zwischen zwei Neumonden, der synodische Monat, umfaßt dagegen 29 d, 12 h, 44 min und 3 s.

Jedenfalls sind das die gegenwärtigen Werte. Sie können sich immer wieder leicht ändern, denn sie sind abhängig von den Schwankungen der Erdrotation sowie von den Anziehungskräften im Sonnensystem. Glücklicherweise liegen diese Abweichungen nur im Bereich von Sekundenbruchteilen (zum Ausgleich wurde deshalb in Mitteleuropa unter anderem am 1. 7. 1997 am Ende der ersten Stunde eine Schaltsekunde eingefügt). Für Kulturen, die nicht so versessen sind wie wir, die Sekunden bis in die dritte Dezimalstelle genau messen zu wollen, waren sie nie von Bedeutung.

Am einfachsten ist die Einteilung des Jahrs in 12 synodische Monate; im Schnitt haben sie 29,5 Tage, das läßt sich mit Monaten von abwechselnd 29 und 30 Tagen ganz gut bewerkstelligen. Doch das bedeutet, daß ein bestimmter Jahrestermin innerhalb von 33 Jahren alle Jahreszeiten durchläuft. Für einen religiösen Kalender ist das nicht weiter problematisch (der muslimische Kalender folgt beispielsweise diesem Schema, weshalb sich der Fastenmonat Ramadan ständig verschiebt), für die Bauern hätte das dagegen fatale Folgen. Schon früh suchte man deshalb nach Auswegen. Bereits die Ägypter teilten das Jahr in 12 Monate à 30 Tage ein. Die fehlenden fünf Tage hängten sie am Jahresende als Geburtstage der Hauptgötter an (und hatten damit immerhin einen Kalender, der erst nach rund 1460 Jahren alle Jahreszeiten durchlaufen hatte).

Auf eine ganz ähnliche Lösung für ihren Sonnenkalender kamen die Maya. Allerdings umfaßten ihre 18 »Monate« nur jeweils 20 Tage, und die 5 Zusatztage galten als unheilbringender Sondermonat (was auch in anderen Kulturen nicht unbekannt war – unter anderen bei den Trobriandern, aber auch wir kennen die → Zwölften oder die Tage »zwischen den Jahren«). Dazu hatten sie noch einen Weissagungszyklus von 13 mal 20, also 260 Tagen. Der Beginn beider Zyklen fiel alle 52 Jahre auf denselben Tag – eine Zeitspanne, die in etwa ein Menschenleben umfaßte. Diesen Rhythmus kannten auch die Azteken. Bei ihnen hatte der Beginn eines neuen 52-Jahre-Zyklus ganz besondere Bedeutung, sie bezeichneten ihn als das »Bündeln der Jahre« und feierten damit die Erneuerung des Feuers. Hinzu kam bei den meisten Kulturen noch die Verbindung mit Sternzyklen (beispielsweise der der Venus bei den Maya und der des Sirius unter anderem bei den Ägyptern).

Die Griechen, die ein Lunarjahr mit 354 Tagen kannten, hatten schon bald die Notwendigkeit von Schaltjahren herausgefunden: Von acht Jahren hatten jeweils drei einen dreizehnten Monat. Bereits 432 v. u. Z. errechnete Meton in Athen einen noch genaueren Zyklus von 19 Jahren mit 125 Monaten à 30 und 110 à 29 Tagen, somit differierte ihr Kalender in diesem Zeitraum insgesamt nur um 0,3982 Tage zu den Sonnenjahren.

Die Römer, denen wir im wesentlichen den heute überall auf der Welt – zumindest unter Geschäftsleuten – gültigen Kalender verdanken, hatten zunächst ein ziemlich chaotisches System. (Dabei hätten sie problemlos bessere Lösungen bei den Griechen abkupfern können, was sie anderweitig ja auch fleißig taten.) Sie kannten zunächst nur 10 recht unregelmäßige Monate mit insgesamt 304 Tagen zwischen März und → Dezember, die übrige Zeit blieb einfach ungezählt, weil die Landwirtschaft ruhte. Wann die Monatszahl auf 12 erhöht wurde, ist nicht belegt, der Sage nach war das bereits dem Romulus-Nachfolger Numa zu verdanken. Etwa ab 450 v. u. Z. versuchte man sich – wenn auch recht erfolglos – an der Einführung von Schalttagen, die ab 218 v. u. Z. nach Gutdünken von den Pontifices, den obersten Priestern, festgelegt wurden. Das ließ sich sehr gut politisch nutzen, denn Jahre mit Überlänge wurden immer der Regierungszeit von politischen Freunden zugeordnet.

Da dieser Kalender sich weder nach der Sonne noch nach dem Mond richtete, betrug die Abweichung zwischen staatlichem und Sonnenjahr 46 v. u. Z. fast drei Monate. Caesar beauftragte deshalb den Astronomen Sosigines, einen neuen Kalender zu berechnen. Um die Abweichung auszugleichen, bekam das Jahr 46 v. u. Z. 445 Tage und ging als »Jahr des Durcheinanders« in die Geschichte ein. Ab 45 v. u. Z. umfaßte das normale Jahr 365 Tage, und in jedem dritten Jahr – ab 8 v. u. Z. dann in jedem vierten – bekam der Februar einen zusätzlichen Tag. Dank dieser Julianischen Reform war das Kalenderjahr somit nur noch 11 min und 14 s länger als das natürliche Jahr. Erst nach knapp 130 Jahren ergab das eine Differenz von einem Tag, was zunächst kaum auffiel. Und angesichts der vorherigen chaotischen Zustände war der Fortschritt ja auch gewaltig. Die meisten Römer hat eine perfekte Datierung offenbar auch nicht sonderlich interessiert – jedenfalls merkte Voltaire dazu treffend an, daß die römischen Generäle zwar immer ihre Schlachten gewannen, aber nie wußten, wann genau sie den Sieg errungen hatten.

Eine kleinere Korrektur (um drei Tage) gab es nach dem Konzil von Nicaea 325 u. Z., danach kümmerte man sich erst wieder darum, als Ende des 16. Jahrhunderts die Differenz auf zehn Tage angewachsen war. Nach langen und zähen Beratungen ließ Papst Gregor XIII. 1582 auf den 4. 10. den 15. 10. folgen und ordnete an, daß die Säkularjahre (die »runden«, die ein Jahrhundert beschließen) nur dann Schaltjahre sein sollten, wenn sich ihre ersten beiden Ziffern durch vier teilen ließen (so daß also 1900 kein Schaltjahr war, 2000 aber eins ist).

Dieser Gregorianische Kalender, der erst nach über 3000 Jahren wieder um einen Tag vom Sonnenjahr abweicht, wurde von den katholischen Ländern sofort, von anderen aber erst mit erheblicher Verzögerung eingeführt. Am größten war der Widerstand in Rußland: Erst nach der Gründung der UdSSR schloß man sich ihm an und machte aus dem julianischen 1. 2. den gregorianischen 14. 2. 1918.

Dieses Nebeneinander der Kalender hat zu zahllosen Verwirrungen geführt; so geben heutige Geschichtsbücher für den Beginn der *Oktober*revolution das gregorianische Datum 7. November an. Selbst moderne Historiker sind dem zum Opfer gefallen, beispielsweise bei der Auswertung von Schliemanns Tagebüchern: Da Schliemann die russische wie die amerikanische Staatsbürgerschaft besaß, benutzte er beide

Systeme und verwechselte sie bisweilen selbst – jene, die diesen Umstand übersahen, verleitete das zu dem Fehlschluß, Schliemann habe Daten gefälscht und überhaupt keinen Goldschatz in Troia gefunden. → Woche

Kaufrausch: Euphorischer, von zerebraler Endorphin-Ausschüttung begleiteter Zustand verminderter Steuerungsfähigkeit; führt zum unbeabsichtigten Erwerb von Konsumgütern, die man gar nicht benötigt. Normalerweise ist der Kaufrausch von einer stark egomanen Komponente geprägt, in der Adventszeit mutiert er jedoch zu einer altruistischen Sonderform, die zum absichtlichen Erwerb von Konsumgütern führt, die *andere* gar nicht benötigen (→ Geschenkestreß). Abhilfe schafft eine Langzeit-Psychotherapie oder, kurzfristig, die Sperrung der Kreditkarte.

Kerzen: Die künstliche Beleuchtung wurde schon in der Altsteinzeit erfunden. Die Cro-Magnon Menschen (eine frühe Form des *Homo sapiens sapiens* im Aurignacien vor rund 30 000 Jahren) hatten herausgefunden, daß ein Faserbündel, das man in geschmolzenes Tierfett steckte, langsam und gleichmäßig brannte und dabei Licht spendete. Als »Lampen« verwendeten sie flache Steine mit einer Vertiefung darin. Leider stank das Ganze ziemlich, aber das tat der Cro-Magnon-Mensch selbst vielleicht auch.

Mit der Erfindung der Töpferei und der Kultivierung des Ölbaums wurde bei den alten Zivilisationen in Vorderasien, Ägypten und rund ums Mittelmeer der flache Stein zum geschlossenen Öllämpchen mit einer Tülle für den Docht aus Papyrus oder Flachs weiterentwickelt. Künstliches Licht war transportabel geworden. Später fertigten die Griechen ihre Öllämpchen aus Bronze, und die Römer kamen schließlich auf die Idee, den Docht in ein mit Öl getränktes Blatt Papier einzuwickeln.

Der nächste Schritt bestand darin, das Papier wegzulassen und den Docht mit verfestigtem tierischen Talg zu ummanteln. Die Kerze war geboren. Das Papier blieb aber als Namensgeber für »Kerze« bis heute erhalten: Lateinisch *charta* bedeutet Papierblatt (auch »Karte« und »Karton« leiten sich davon ab). Hungernde Legionäre pflegten, wenn sie gar nichts anderes mehr fanden, ihre Kerzenration aufzufuttern und lieber im Dunklen zu sitzen.

Wer den Einfall hatte, Bienenwachs zu verwenden, ist nicht überliefert, aber von der Zeitenwende bis ins 19. Jahrhundert blieb die Kerzentechnologie unverändert: Die teuren Wachskerzen blieben der Kirche (dort waren sie zwingend vorgeschrieben) und dem Adel beziehungsweise den Reichen vorbehalten, alle anderen mußten mit den weniger gleichmäßig brennenden und weniger gut riechenden Kerzen aus diversen Talgmischungen vorlieb nehmen. Denn der Bedarf war erheblich: 1765 verbrauchte eine große Familie in England laut ihrem Haushaltsbuch monatlich hundert Pfund Leuchtmittel!

1818 wurden die ersten Kerzen aus Stearin gefertigt, 1830 welche aus Paraffin. Beide waren preiswert, brannten so gleichmäßig wie Bienenwachskerzen und fast geruchlos; somit ist es kein Zufall, daß der Siegeszug der Kerzen als → Christbaumschmuck in diese Zeit fiel.

Stearin, ein Gemisch von Palmitin- und Stearinsäure, wird durch Hydrolyse und Destillation aus pflanzlichen und tierischen Fetten gewonnen; Paraffin, ein Gemisch von gesättigten Kohlenwasserstoffen von $C_{16}H_{24}$ an, wird bei der Schmieröldestillation auskristallisiert. Heutige Kerzen werden meist aus einer Mischung von Stearin und Paraffin hergestellt, und daneben sind die teureren, aber mit einem leichten Honigduft verbrennenden Bienenwachskerzen nach wie vor beliebt.

Je nach Material, Durchmesser und Dochtdicke wie -länge brennen Kerzen ganz unterschiedlich hell, und daher ist es höchst verwunderlich, daß die Physiker sich ausgerechnet die »Kerze«, Kurzzeichen K, als photometrische Maßeinheit für die Lichtstärke aussuchten. Entsprechend groß war das Durcheinander bei der Standardisierung, die im vor Nationalstolz strotzenden 19. Jahrhundert zunächst auch noch in jedem Land separat erfolgte. Deutschland führte beispielsweise 1896 die

Hefnerkerze (HK) ein; 1906 einigten sich Frankreich, Großbritannien und die USA auf die Internationale Kerze (IK), die seit 1921 dann auch tatsächlich international galt. 1942 wechselte Deutschland zur Neuen Kerze (NK), die seit 1948 international gilt und seither auf den Namen Candela (cd) hört, vom lateinischen *candela*, Wachskerze. Umrechnung auf die älteren Maßeinheiten: 1 cd = 1 NK = 0,981 IK = 1,107 HK.

Die Definition klingt reichlich kompliziert: Ein auf die Schmelztemperatur von Platin (2042,5 °K, → Thermometer) erhitzter schwarzer Körper strahlt je cm^2 Oberfläche senkrecht zu dieser eine Lichtstärke von 60 cd ab. Aus irgendwelchen Gründen war das den Physikern noch zu einfach, und sie haben eine weitere Definition gefunden: Danach ist 1 cd die Lichtstärke einer Strahlungsquelle, welche monochromatische Strahlung von der Frequenz 540 x 10^{12} Hz in eine bestimmte Richtung aussendet, in der die Strahlstärke $1/683$ Watt pro Steradiant beträgt, entsprechend einer Wellenlänge von 555 nm.

Da ist es für Laien doch ganz praktisch, daß die Lichtstärke von Glühlampen üblicherweise einfach gleich in Watt (W) angegeben wird. Sonderlich präzis ist das aber nicht: Je nach Konstruktion der Lampe entspricht 1 cd 0,5 bis 1,2 W. → Elektrische Kerzen

Komet: Obwohl der → Stern von Bethlehem nach Ansicht einiger Wissenschaftler gar kein Komet war, wurde und wird er spätestens seit Giotto stets als solcher dargestellt. Was eigentlich ein ziemlicher Widerspruch ist, denn Kometen galten jahrhundertelang als Vorboten des Unheils, nicht als Verkünder froher Botschaften, wie es zu Weihnachten an sich der Fall sein müßte. Günstig wirken sie sich dem Aberglauben nach nur auf eines aus: den Wein. »Kometenweine«, also Jahrgänge, die mit dem Auftauchen eines großen Kometen zusammenfallen, sind bei Sammlern gesuchte Raritäten. Ein solch edler Tropfen aus dem Jahr 1811 – auch Johann Wolfgang von Goethe (Durchschnittskonsum zwei Flaschen pro Tag) schätzte den Jahrgang sehr – spielt denn auch in der Filmkomödie »Das Jahr des Kometen« die Hauptrolle. »Der kleine Johnson«, das Handbuch für Weinkenner und solche, die es werden wollen, schweigt sich allerdings zu diesem Thema aus. Sicher zu Recht, denn letztlich ist jedes Jahr ein Multi-Kometenjahr.

Derzeit werden alljährlich rund 20 bis 30 Kometen entdeckt, die meisten sind aber so winzig, daß sie mit bloßem Auge nicht zu erkennen sind (vor der Erfindung des Fernrohrs wurde nur etwa alle vier Jahre ein Komet ausgemacht). Prachtexemplare wie Halley, Hyakotake oder Hale-Bopp kommen nur rund alle 20 Jahre vor. Daß, wie 1996 und 1997, so dicht nacheinander zwei deutlich sichtbare Kometen den Nachthimmel verschönern, ist ausgesprochen selten.

Ihren Ursprung haben sie alle in der Oortschen Wolke, einer Art Gerümpelzone am äußersten Rand des Sonnensystems. Gelegentlich werden große wie kleine Brocken aus dieser Wolke von der Schwerkraft der äußeren Planeten eingefangen und durchziehen dann auf meist sehr langgestreckten elliptischen Bahnen unser Planetensystem. Einige fliegen rechts-, andere linksherum. Ihre Bahnen sind isotrop verteilt, es gibt also keine auffälligen Konzentrationen oder Ballungen. Die Umlaufzeit liegt in der Größenordnung von 3,31 bis 10^6 Jahren. Das heißt, die seltensten statten uns nur einmal in einer Million Jahre einen Besuch ab. Hale-Bopp, der erstmals 1997 beobachtet wurde, kommt erst um das Jahr 4700 wieder, Halley zeigt sich derzeit alle 76,0 Jahre. Der Schriftsteller Ernst Jünger gehört zu den ganz wenigen Menschen, die ihn in ihrem Leben gleich zweimal beobachten konnten (1910 und 1986). Allerdings mußte er dafür nach Kuala Lumpur fahren, denn 1986 war der Halleysche Komet, über den schriftliche Aufzeichnungen bis 240 v. u. Z. zurückreichen, auf der Nordhalbkugel nicht zu sehen.

Die Umlaufperiode kann sich bei Kometen schnell ändern, ihre Bahn ist längst nicht so stabil wie die der Planeten. Fliegen sie sehr dicht an großen Massen vorbei, ändert sich ihre Bahn. Besonders intensiv sind Störungen durch Jupiter: Im 18. Jahrhundert hatte der Komet Lexell zunächst eine Umlaufperiode von 11,4 Jahren, bekam dann eine von 5,6 und nach einer weiteren Störung schließlich eine von 174,3 Jahren.

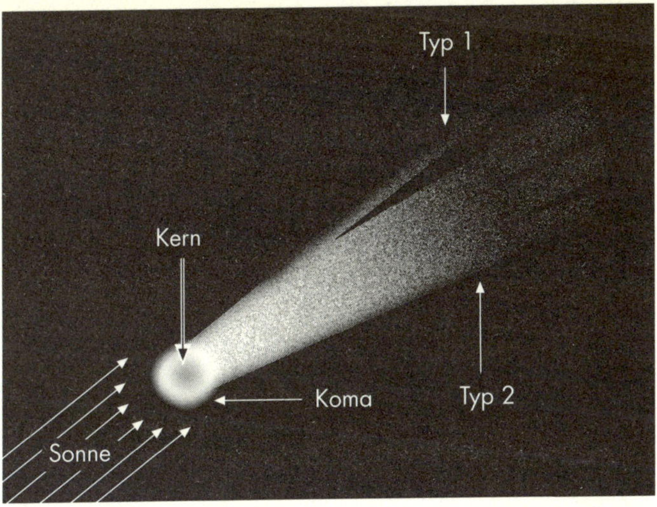

Schematische Darstellung eines Kometen mit beiden Schweiftypen

Bei einigen langperiodischen Kometen reichen die Bahnen in ihren Extrempunkten weit über das Sonnensystem hinaus, bis in eine Entfernung von rund einem Parsec (1 pc = 3,0833 x 10^{18} cm = 3,26 Lichtjahre). Es gibt auch Kometen mit Parabel- beziehungsweise Hyperbelbahnen, die nur ein einziges Mal unser Sonnensystem durchfliegen und sich dann nie wieder blicken lassen.

Verursacher des eindrucksvollen Himmelsschauspiels ist der Kometenkern, ein Konglomerat von Gestein, Nickeleisen, Eis und gefrorenen Gasen mit einem Durchmesser von bis zu 100 km. Bei Annäherung an die Sonne verdampft ein Teil des Kerns, photochemische Prozesse spalten die Moleküle auf und regen sie zum Fluoreszenz- und Resonanzleuchten an: Eine strahlende Gashülle von 10^4 bis 10^5 km Durchmesser legt sich um den Kern. Der Solarwind und der Strahlungsdruck der Sonne blasen einen Teil der Gaswolke von der Sonne weg, und es entsteht der Schweif, der bis zu 10^8 km lang werden kann. Die Partikel, aus denen er besteht, erreichen dabei Geschwindigkeiten von bis zu 1000 km/s. Die Astronomen unterscheiden zweierlei Schweiftypen: zum einen den langgestreckten, schmalen und stets pfeilgerade von der Sonne weg weisenden Typ I, für den der Solarwind verantwortlich ist, zum anderen den breiten, diffusen und oft leicht gekrümmten Typ II, der vom Strahlungsdruck der Sonne hervorgerufen wird. Beide Typen können bei ein und demselben Kometen zugleich vorhanden sein.

Gelegentlich lösen sich Kometen auch ganz oder teilweise auf. Ihre Materie verteilt sich dann über die Kometenbahn. Quert sie den Orbit der Erde, kann es zu Meteoritenschauern kommen.

Kreuzt hingegen ein größerer Brocken oder gar ein ganzer Komet im unpassenden Moment die Bahn der Erde, wird es brenzlig: Der Komet wird zum Meteor. Bei entsprechendem Volumen reicht die Reibungshitze in der Atmosphäre nicht mehr aus, um ihn als Sternschnuppe oder Feuerkugel (Bolide) verglühen zu lassen, und der Rest des Brockens schlägt als Meteorit auf die Erdoberfläche auf. (Nicht alle Meteorite haben ihren Ursprung in Kometen, es gibt auch frei herumfliegende extraterrestrische Festkörper.) Beim Aufprall können gewaltige Energiemengen freigesetzt werden. Der größte bekannte Einschlagkrater, der Vredefort-Ring in Südafrika, hat einen Durchmesser von 40 km, das Nördlinger Ries, der größte in Europa, mißt 24 km. In der Erdgeschichte haben große Meteoriteinschläge mehrmals das Klima auf katastrophale Weise verändert und zu einem massenhaften Artensterben geführt, auch die Dinosaurier sollen dereinst ihr Opfer geworden sein.

Nach neuesten NASA-Beobachtungen erreichen bis zu 43 000 »Minikometen« täglich die Erdatmosphäre und verglühen beziehungsweise verdampfen dort. Diese »Minikometen« haben einen Durchmesser von bis zu 12 m, sind also im Vergleich zu den 32 km von Hale-Bopp wahrhaft Winzlinge. Interessant an ihnen ist aber, daß sie nahezu vollständig aus Eis bestehen und damit durchaus zum Wasserhaushalt der Erde beitragen könnten (aber echte Kometen sind sie eben nicht, daß sie so bezeichnet werden, liegt wohl eher am allgemeinen

Kometenfieber Ende des 20. Jahrhunderts als an wissenschaftlicher Genauigkeit).

Der bislang letzte Einschlag eines großen Kometen (vielleicht war es auch ein aus der Bahn geworfener Asteroid) ereignete sich am 30. Juni 1908: Er raste durch die Atmosphäre, explodierte kurz vor dem Aufschlag und ging als riesiger Feuerball in Tunguska (Zentralsibirien) nieder. Im Zentrum der Naturkatastrophe wurden alle Bäume gefällt und in Brand gesetzt, und noch in 70 km Entfernung war die Hitze so groß, daß ein Beobachter sich die Kleider vom Leib riß, weil sie sich hätten entzünden können.

Wäre der gigantische Brocken woanders niedergegangen, hätte er mit Leichtigkeit eine ganze Großstadt auslöschen können, und dabei war das noch ein relativ kleines Exemplar von 50 bis 100 m Durchmesser. (Bleibt zu hoffen, daß die Kometen vom 100-km-Kaliber schön auf Distanz zur Erde bleiben.) Die Materie des explodierten Himmelskörpers verteilte sich als feiner Staub in der Atmosphäre, so daß in Rußland, Skandinavien und Mitteleuropa tagelang die Nächte auffallend hell und die Sonnenauf- und -untergänge extrem prächtig waren.

Daß man weder einen Einschlagkrater noch irgendwelche Überreste fand, spricht sehr für einen größtenteils aus Eis bestehenden Kometen als Verursacher des Infernos. Die Ufologen behaupten natürlich, ein außerirdisches Raumschiff habe die Explosion herbeigeführt. Doch obwohl die Exobiologen nun schon ein paar Jahre systematisch danach suchen, gibt es bislang nicht das geringste Anzeichen für extraterrestrische Intelligenz.

Auch im Schweif von Kometen konnten die Wissenschaftler bislang keine UFOs entdecken, selbst wenn einige Sektierer immer wieder behauptet haben, auf diese Weise würden sich die Außerirdischen tarnen. Um so verwunderlicher ist es, daß einer Meinungsumfrage zufolge 20% der Deutschen (sogar 30% der sechzehn- bis neunundzwanzigjährigen) und stolze 57% der US-Amerikaner an UFOs glauben – erheblich mehr als an den → Weihnachtsmann

Krippe: »Sie wickelte ihn [Jesus] in Windeln und legte ihn in eine Krippe, weil in der Herberge kein Platz für sie war.« (Lukas 2,7) Dieser eine Satz (sonst ist nirgendwo in der Bibel von einer Krippe die Rede) hat in der Kunstgeschichte, in der Volkskunst und schließlich auch im kunsthandwerklichen Kitsch ungeahnte Früchte getragen. Obwohl bei Matthäus die Heiligen Drei Könige einfach in ein Haus gehen, wurde die Heilige Familie immer wieder mit der Krippe dargestellt, sei es in einem Stall, sei es in der Geburtsgrotte. (Letzteres ist wahrscheinlicher: Zur fraglichen Zeit wurden in Galiläa, und nicht nur dort, tatsächlich Höhlen sowohl als Wohnung wie als Stall benutzt.)

Ehe die Neuzeit Weihnachten zu einer Konsumorgie umfunktionierte, war der Kult um die Krippe in katholischen Gegenden das zentrale volkstümliche Element des Festes. Und sie war vor dem Siegeszug des Weihnachtsbaums das dekorative Weihnachtssymbol schlechthin. Entwickelt aus mittelalterlichen Weihnachtsspielen – also szenischen Darbietungen der Geburtsgeschichte (→ Hirtenspiele) – tauchten in Italien schon im 15. Jahrhundert Altäre auf, die deutlich die Züge späterer Krippen trugen: Statt einer monumentalen Anbetungsgruppe, wie bis dahin üblich, war um die eigentliche Szene herum eine Miniaturlandschaft mit vielen weiteren kleinen Figürchen aufgebaut, und zwar so steil, daß die betende Gemeinde alles gut sehen konnte.

Vor allem der Kinder und schlichte Gemüter ansprechende naive Realismus und die herzerwärmende Niedlichkeit halfen den dann in einer Nische der Kirche oder seitlich vom Altar aufgebauten Krippen zum durchschlagenden Erfolg: Sie verbreiteten sich rasch bis nach Spanien und in den deutschsprachigen Alpenraum, später über ganz Süddeutschland. Immer üppiger wurden sie gestaltet; zu Ochse und Esel – die Franz von Assisi 1223 bei seiner berühmten Krippenfeier im Wald bei Greccio an einen Futtertrog gestellt hatte – gesellten sich bald weitere Tiere, etwa ein Schaf, und immer kostbarer wurden die Hirten und Engel und die Könige ausgestattet und natürlich Maria, Jesus und Joseph auch. Das Christuskind lag nicht länger auf Stroh oder Heu, sondern bekam spitzenbesetzte Seidendeckchen, und die Krippe war kunstvoll aus edelsten Hölzern getischlert.

Ihre größte Blüte erlebten die Krippendarstellungen im ausgehenden Barock des 18. Jahrhunderts, einer für ihren Pomp ohnehin bekannten Epoche. Berühmt sind die italienischen, die tirolerischen, bayerischen und schwäbischen Krippen aus jener Zeit. (Bedeutende Museumssammlungen finden sich in Brixen, München, Neapel und nicht zuletzt im New Yorker Metropolitan Museum of Art.)

Bald hielten die kostbaren, repräsentativen Varianten auch an den Adelshöfen Einzug, und später, im 19. Jahrhundert, eroberten sich schlichtere Ausführungen auch den Bürgerhaushalt. Der zunehmenden Verkitschung war nun nicht mehr Einhalt zu gebieten, und selbstverständlich gibt es heute auch Plastikkrippen aus der Serienproduktion. Daneben hielt sich aber bis in die Neuzeit, vor allem in Oberschwaben, noch eine schlichte Traditionslinie: Lediglich ein bescheidener Futtertrog mit einer Wachspuppe darin wurde in der Kirche, später auch zu Hause unter dem Weihnachtsbaum aufgestellt, sonst nichts.

Eine interessante Weiterentwicklung waren die kleineren Kastenkrippen, die den Vorteil hatten, nicht mehr auf- und abgebaut werden zu müssen, sondern die man bis zum nächsten Fest einfach zugeklappt beiseite stellen konnte – eine Art sakraler Paläofernseher also (allerdings mit bescheidener Programmauswahl). Schließlich wurden – genau wie beim Fernseher – sogar tragbare Miniaturkrippen entwickelt, die bei Umzügen eingesetzt wurden und auch »Herodeskasten« genannt wurden, was auf einen schwarzen Humor schließen läßt, den man in der katholischen Kirche nicht unbedingt erwarten sollte.

12

Lametta (1): Dünn ausgewalzte, schmale Metallstreifen. Beliebter Teil des →Christbaumschmucks, in der zweiten Hälfte des 19. Jahrhunderts in Nürnberg entwickelt. Die Stadt war seit dem ausgehenden Mittelalter ein Zentrum der Feinblechherstellung und auch in der Drahtzieherei führend (später auch einmal in der politischen Drahtzieherei, aber dafür konnten die Mittelfranken selbst wenig).

Zur Weihnachtsdekoration wurden hier schon lange vor der Erfindung des Lamettas →Rauschgold und »leonidische Drähte« hergestellt: Nach der spanischen Stadt León, wo man die Technik zuerst entwickelt hatte, waren diese hauchfeinen Drähte benannt, die man zum dekorativen Umspinnen von Schmuckgegenständen und auch zur Stickerei, zum Beispiel für Posamenten, verwendete und im 19. Jahrhundert zunehmend zur Dekoration des Weihnachtsbaums. Es gab sie um 1875, als die Christbaumdekorationen immer opulenter wurden, bereits in allen möglichen Formen: glatt, gewellt, zu Spiralen gedreht, als buschige Girlanden und schließlich plattgewalzt eben als Lametta. Das goldfarbene stellte man aus Messing her, das silberne, das letztlich das beliebteste wurde, aus Stanniol. Der Hauptvorteil gegenüber älteren Alternativen wie etwa Papiergirlanden bestand (und besteht) in der Nichtbrennbarkeit.

Heute wird Lametta entweder aus poliertem Aluminium hergestellt oder aus einer verzinkten Bleifolie, die auf eine Stärke von 0,022 mm (22 μ) ausgewalzt wird. Sie hat den Vorteil, daß das daraus hergestellte Lametta wegen des höheren spezifischen Gewichts von Blei (11,34, das von Alu beträgt nur 2,7, also knapp ¼) wesentlich schöner fällt, während die Alustreifen schon im leisesten Lufthauch flattern.

Blei ist andererseits, wenn es in die Umwelt gelangt, ein

sehr schädliches Gift; also sollte man alles Lametta sorgfältig vom ausgedienten Weihnachtsbaum ablesen, ehe man diesen zur Kompostierung oder zur Sammelstelle befördert, und das Lametta ins Recycling geben. (Die technische Infrastruktur dafür steht: Blei ist heute das Metall, das am häufigsten recycelt wird.)

Auch ein partielles privates Recycling ist möglich: Lamettastreifen lassen sich, wenn man sie sorgfältig einsammelt, ziemlich einfach mit dem Bügeleisen glätten. Ein bißchen Arbeit macht das allerdings schon, besonders bei dem ganz leicht knitternden Alu-Lametta; die Zink-Blei-Variante hat hingegen den Nachteil, recht leicht zu reißen. Mehr als zwei, höchstens drei Verwendungszyklen sind also nicht möglich, dann: weiter wie oben.

Daneben hat sich als Ausgangsmaterial in den letzten Jahren Kunststoff etabliert, der den Vorteil hat, Lametta in den unterschiedlichsten Metallictönen produzieren zu können, was Leute zu schätzen wissen, die ihren Weihnachtsbaum gern in den aktuellen Modefarben dekorieren. Allzu viele sind es aber nicht, die klassischen Silberstreifen sind mit, je nach Jahr, 50 bis 75 % Marktanteil nach wie vor der Renner. Allerdings fallen die Kunststoffstreifen weicher und voluminöser, was manchen besser gefällt, und sie knittern nicht so leicht, so daß sparsame (oder gern abfallverhütende) Menschen sie ganz ohne Bügeln mehrmals verwenden können.

Kunststoff-Lametta sollte zwar schwer entflammbar sein, angesichts der oft nicht deklarierten Herkunft muß man aber Vorsicht walten lassen und vor dem Schmücken des Baums die Feuerprobe machen. Oder aus Sicherheitsgründen besser gleich → elektrische Kerzen nehmen. Das gilt auch bei Verwendung von Alu-Lametta: Ganz dünnes Aluminium kann sich in der Tat entzünden. Nur die Zink-Blei-Variante ist garantiert feuerfest.

Ganz auf Lametta verzichten sollten Hunde- und Katzenbesitzer: Aus einem absolut unerfindlichen Grund halten manche dieser Vierbeiner die glänzenden Streifen für besonders nahrhaft, vertragen sie aber ganz und gar nicht.

Lametta (2): Dicke, gestanzte, geprägte und oft lackierte oder emaillierte Blechstücke an bunten Bändern sowie metallisierte Kordeln, die nicht als Christbaumschmuck, sondern zur Dekoration von Offiziersbrüsten u. ä. dienen. »Links Lametta, rechts Lametta, und der Bauch wird immer fetta«, sang man einst nach einem Couplet von Claire Waldoff und bezog sich damit, was seinerzeit alles andere als ungefährlich war, auf den Reichsjägermeister (1934), Luftwaffen-Oberbefehlshaber (1935) und Reichsmarschall (1940) Hermann Göring.

Lebkuchen: Weitverbreitete, ursprünglich mundartliche Bezeichnung für adventliche und weihnachtliche Dauerbackwaren, auch Lebzelten, Pfeffer- und Honigkuchen genannt, rund oder rechteckig, mit Glasur oder ohne, meist auf → Oblaten.

Der Name hat nichts mit »Leben« zu tun; vielmehr ist der Stamm »Leb-« entweder von lateinisch *libum*, Fladen, abzuleiten oder (wie auch beim Leberkäse, der bekanntlich keine Leber enthält) als ablautende Form von »Laib« zu deuten – wieder einmal sind sich die Etymologen nicht einig.

Der älteste bekannte »Lebkuchen« wurde gegen 1500 v. u. Z. in Ägypten gebacken – ein mit Honig gesüßtes Fladenbrot. Wie bei den Ägyptern und Griechen war auch bei den Römern Honig eine beliebte Opfergabe für die Götter, und letztere buken das Opferbrot für die → Saturnalien stets mit viel Honig. (Die Germanen haben aus dem Honig allerdings lieber Met gebraut und den Göttern bloß ein Schlückchen abgegeben.) Mit den Mönchen verbreitete sich das mit Honig gebackene Fladenbrot über die Alpen (mitsamt dem Wort *libum*) nach Norden, und sie begannen schon früh, es mit Pfeffer zu aromatisieren. Bald kamen weitere Gewürze dazu, und Nürnberg, im Mittelalter ein bedeutender Umschlagplatz für Waren aus dem Nahen und Fernen Osten, entwickelte sich zu einem Zentrum der Lebkuchenherstellung. In einer Urkunde von 1395 ist der erste Lebküchner für die freie Reichsstadt belegt. Sie hat von ihrer Vorrangstellung nichts eingebüßt: Von den rund 80000 Tonnen, die jährlich von deutschen Backstraßen purzeln, werden rund 40% in Nürnberg hergestellt.

Losnächte (von mittelhochdeutsch *losen,* zuhören, lauschen, horchen beziehungsweise wahrsagen): Nächte, in denen man per Orakel etwas über die Zukunft zu erfahren suchte. Insbesondere für Hochzeitsorakel zuständig waren die Andreasnacht (29./30. 11.) und die Thomasnacht (20./21. 12.). Mit Blei- oder Wachsgießen, Schuh- und Apfelschalenwerfen, Holzscheitgreifen sowie anhand von Träumen und allerlei anderen Zeichen – das Horoskop in der *Bravo* gab es ja noch nicht – wollten die jungen Mädchen erfahren, ob sie im kommenden Jahr heiraten würden und ob der Mann Junggeselle oder Witwer, schön oder häßlich, arm oder reich sein würde.

»Gackert der Hoahn, do krieg i an Moan,/ Gackert de Henn, do krieg i kenn«, lautet die schwäbische Version des weitverbreiteten Hühnerorakels. Die jungen Mädchen schlichen sich nachts heimlich in den Hühnerstall und lauschten, welches Tier sich zuerst rührte. Ähnlich eindeutig war das Pantoffelwerfen, das beispielsweise in Pommern praktiziert wurde: Zeigte die Schuhspitze Richtung Tür, konnte man das Haus verlassen, folglich heiraten. Besonders für Mägde war das eine wichtige Frage, nämlich die, ob sie weiter dienen mußten oder einen eigenen Hausstand gründen durften. Wie denn überhaupt dieser für uns etwas unverständliche Drang nach einer möglichst raschen ehelichen Verpflichtung weniger mit stürmischer Lust auf baldige Triebabfuhr erklärt werden muß als vielmehr mit der Tatsache, daß früher ausschließlich verheiratete Frauen wirtschaftlich und sozial abgesichert waren.

Die zu deutenden Träume wurden mit den verschiedensten Methoden heraufbeschworen. Am weitesten verbreitet war ein Tritt gegen das Bett und ein geflüsterter Spruch. Im thüringischen Lauenstein trat das nackte Mädchen gegen die Rückwand ihres Bettes und sagte: »Bettstatt, ich traat dich,/Sankt Thoma, ich baat dich,/Laß mir erscheinen /Mein Herzallerliebsten mein!« Auf ein ausgeprägtes Rhythmusgefühl der damaligen Thüringerinnen läßt die letzte Zeile allerdings nicht gerade schließen.

In anderen Gegenden benutzten die Mädchen ähnliche, an den heiligen Andreas gerichtete Sprüche, traten gleichfalls gegen ihr Bett, stiegen rückwärts und mit dem linken Fuß zuerst hinein, legten getrockneten Leinsamen oder einen halben Apfel unters Kopfkissen, um das Orakel günstig zu beeinflussen – etwa in der Hoffnung, von Wein oder Bier (reicher Mann) und nicht von Wasser (armer Mann) zu träumen.

Ähnlich wie am Barbaratag wurde häufig auch ein Kirschzweig ins Wasser gestellt: Blühte er Weihnachten, bedeutete das gleichfalls eine Hochzeit.

In Schwaben und andernorts versuchte man es sogar mit Brennholz. Das Mädchen mußte so viele Holzscheite wie möglich raffen und in die Stube schleppen: Hatte sie eine gerade Zahl erwischt, bedeutete das Glück, sie würde heiraten. Legte sie die Holzscheite paarweise zusammen, ließ sich sogar der Stand des Zukünftigen erkennen: Waren die letzten beiden ohne Äste, stand ein Junggeselle ins Haus, hatten sie welche, drohte ein Witwer (was möglicherweise die bessere wirtschaftliche Absicherung versprach, dafür aber altersbedingt auch die schlechtere Triebabfuhr).

Die meisten dieser Orakel waren zudem eine willkommene Gelegenheit zum Feiern; wie Gesellschaftsspiele veranstalteten die Mägde die Zukunftsbefragungen gemeinsam.

Ganz anders ging es beim Brauchtum des Luciatags (13. 12.) zu. Die Orakel dieser Losnacht waren den Bäuerinnen vorbehalten und drehten sich um die kommende Ernte, das Vieh oder das Wetter. Vor allem in Österreich, in der Schweiz und in Süddeutschland gilt Lucia als dämonenhaftes Wesen, das Schmutz und unartige Kinder erbarmungslos verfolgt. Außer daß sie bei braven österreichischen Kindern auch als Süßigkeitenbringerin fungiert, hat diese dunkle Figur wenig gemein mit der schwedischen Lucienbraut und ihrem Kerzenkranz, die ebenfalls am 13. Dezember ihren Auftritt hat – nicht zuletzt bei der alljährlichen Übergabe der Nobelpreise. Die südliche Variante gehört eher zu den bedrohlichen Wesen, die die → Rau(c)hnächte bevölkern.

13

Maria: Als Mutter von → Jesus, den sie vom Heiligen Geist empfangen haben soll, genießt Maria bei Christen allerhöchstes Ansehen. Der Bibel zufolge hatte sie für Jesu öffentliches Wirken zunächst kein Verständnis, fand sich dann jedoch unter dem Kreuz ein und gehörte nach seinem Tod sogar zu seinen Anhängern.

Trotz dieser dürftigen Faktenlage beschäftigte man sich in der Kirche schon früh mit ihrer Person, es entwickelte sich eine regelrechte Mariologie, die sie mit allen erdenklichen Würden ausstattete. So wird sie von Katholiken offiziell als »Unsere liebe Frau«, »Mutter Gottes«, »Himmelskönigin« und »Allerseligste Jungfrau« bezeichnet. Und sie soll leibhaftig gen Himmel gefahren sein. Mit katholischen Kirchenfesten ist sie mehr als reichlich gesegnet: Gottesgebärerin (1. Januar), Heimsuchung (31. Mai), Mariä Himmelfahrt (15. August), Maria Königin (22. August), Mariä Geburt (8. September), Fest der Schmerzhaften Jungfrau (15. September), Maria vom Rosenkranz (7. Oktober), Maria im Tempel (21. November), → Unbefleckte Empfängnis (8. Dezember).

Mithin: Die Marienverehrung überragt die der anderen Heiligen bei weitem, und sie nahm in der Vergangenheit oft kultische, ja, groteske und partiell deutlich libidinös geprägte Züge an, die mit dem Gehalt der christlichen Botschaft schwerlich in Deckung zu bringen sind.

In der aufgeklärten Neuzeit sind die aberwitzigsten Auswüchse zwar abgeklungen, aber in Wallfahrtsorten wie Lourdes und Fátima ist der abergläubische Rummel um die Jungfrau auch heute noch reichlich lebendig.

Die Marienverehrung wird denn auch von der evangelischen Theologie nicht geteilt, die zwar die besondere Stellung Marias als Mutter Jesu anerkennt, den Kult um ihre Person aber strikt ablehnt, wie sie ja auch sonst keine Heiligen kennt. Die Ostkirchen stimmen mit den frühen mariologischen Aussagen überein, nicht aber mit der späteren dogmatischen Ausgestaltung Marias in der katholischen Kirche.

Kultur- und Religionswissenschaftler halten die besondere Marienverehrung, die sich aus den → Evangelien nicht herleiten läßt, denn auch für keinen Zufall und glauben, darin ein Echo der Kybele- und anderer Muttergottheit-Kulte wiederzuerkennen, die noch in frühchristlicher Zeit in ganz Vorder- und Kleinasien verbreitet waren. Dazu paßt, daß Maria ausgerechnet auf dem Konzil von Ephesos (431) an der kleinasiatischen Westküste erstmals in Amt und Würden gesetzt wurde und daß einem lokalen Volksmythos zufolge sie ihre letzten Jahre in einer Hütte unweit dieser Stadt zugebracht haben soll: Man wollte halt angesichts der neuen monotheistischen Religion doch nicht gleich alles aufgeben und hat sich mit Maria sozusagen eine Ersatz-Kybele herangezogen.

Mistel: Beliebter Weihnachtsschmuck in angelsächsischen Haushalten: Über der Eingangstür, der Stubentür oder auch über dem Kamin werden Zweige der wintergrünen Schmarotzerpflanze aufgehängt, und jeder Mann, der unter einem solchen Zweig einer Frau begegnet, darf dieser einen Kuß geben, was je nach *sex appeal* der Betreffenden in weihnachtlich dekorierten Durchgängen zu erheblichen Stauungen des privaten Personennahverkehrs führen kann.

Die Mistel gilt seit alters her als Glücksbringer und Zaubermittel, das speziell vor Blitz, Krankheit und Verhexung schützt. Was einmal mehr die Unlogik des Volksaberglaubens unter Beweis stellt: Wintergewitter sind auf den britischen Inseln ziemlich rar. Dennoch galt, wie frankophile Comicleser wissen, die Mistel bereits bei den keltischen Druiden als Zaubermittel und Medizin. Ihnen schlossen sich neben der mittelalterlichen Volksmedizin auch der Anthroposoph Rudolf Steiner an, der Mistelextrakt als Krebsmittel empfahl, und die moderne Pharmakologie, die gefäßerweiternde, blutdrucksenkende und herzstärkende Inhaltsstoffe nachgewiesen hat.

Sich wie die Druiden einfach eine Mistel vom nächsten Baum zu holen, ist jedoch nicht mehr zu empfehlen: Da die Mistel als Weihnachtsgrün in den letzten Jahren auch bei uns erheblich an Beliebtheit zugelegt hat, sind ihre Bestände in vielen Gegenden arg dezimiert, vielerorts ist sie sogar verschwunden. Auch die auf Märkten und in Geschäften käuflichen Zweige stammen manchmal aus rücksichtslos geplünderten Wildvorkommen.

Die weiße Mistel, *Viscum album*, wächst als kurzstämmiger Strauch mit grünen Zweigen und grünen, ledrigen, überwinternden Blättern auf, je nach Unterart, Laubbäumen, Tannen sowie Fichten und Kiefern. Der Beiname ist eigentlich irreführend, denn das ungewöhnlichste an der Pflanze ist, daß bis auf die weißen Beeren einfach alles an ihr grün ist, auch die Zweige, Saugwurzeln, Blüten und sogar der Keimling im Samen. Sie trägt unscheinbare Dolden mit drei bis fünf kleinen Blüten, aus denen sich zu Winteranfang eine runde, etwa erbsengroße Scheinbeere mit nur einem Samen entwickelt. Diese wird gern von Vögeln, meist Amseln gefressen, die so zur weiträumigen Verbreitung der Spezies beitragen, und zwar nicht nur durch Fressen und Wiederausscheiden des Samens: Wegen der Klebrigkeit des Fruchtfleischs bleibt der Same oft auch am Schnabel des Vogels haften und wird von diesem an einem Ast abgewetzt, wo er kleben bleibt.

Im März entwickelt sich aus dem Samen ein Füßchen, das sich mit einer Haftscheibe auf dem Wirt verankert und eine Senkwurzel durch die Rinde bis ins Holz vortreibt. Ein Jahr verharrt der Keimling so. Erst vom nächsten Frühjahr an beginnt die Mistel zu wachsen und bildet, immer paarweise sich verzweigend, von Jahr zu Jahr stetig mehr Blätter aus, wobei sich allmählich die typische Kugelform entwickelt. Wasser und Mineralien besorgt sie sich dabei ständig von der Wirtspflanze. Weshalb der Strauch, symbolisch betrachtet, tatsächlich ganz gut in die Weihnachtszeit paßt, die nicht zuletzt durch zu Besuch weilende, ein bißchen schmarotzende Exemplare der Spezies *Homo sapiens* geprägt ist, die sich ganz ähnlich verhalten.

Mittwinter: In einigen Dialekten bis ins 20. Jahrhundert erhaltene Umschreibung für Weihnachten, ursprünglich eine unspezifizierte Bezeichnung für die Tage um die Wintersonnenwende herum, die dunkelste → Jahreszeit. Sie war, was nicht weiter verwunderlich ist, in vorwissenschaftlicher Zeit mit allerlei Ängsten besetzt, denen man mit rituellen Gebräuchen, aber auch mit Festen entgegensteuern mußte. Einiges davon ist als Aberglauben in den volkstümlichen Gebräuchen um Weihnachten herum aufgegangen: → Losnächte, Rau(c)hnächte, Zwölften

Myrrhe (von arab. *murr*, bitter): Eine der Gaben der → Heiligen Drei Könige. Das wohlriechende Harz der Myrrhensträucher (*Commiphora abyssinica* und *Commiphora molmol* aus der Gattung der Balsambaumgewächse), deren Heimat Abessinien und das südliche Arabien ist, war im Vorderen Orient während des gesamten Altertums eine begehrte Ware und ein kostbares Handelsgut. Das Harz diente als Räucherstoff, das daraus destillierte Myrrhenöl, wie heute noch, vor allem zur Parfümherstellung und zu medizinischen Zwecken. Alkoholische Auszüge des Myrrhenharzes haben eine adstringierende (zusammenziehende) Wirkung, die sich vor allem bei Zahnfleischentzündungen bewährt hat, und so kennen die meisten Menschen Myrrhe heutzutage nur noch aus der Zahncreme-Werbung. Aber auch diese erhebliche Profanisierung einer Königsgabe kommt ziemlich außer Mode, weil zum Zweck der Mundhygiene doch überwiegend synthetische Stoffe zum Einsatz kommen: Was hätte Maria wohl gesagt, wenn der eine König ihrem Jesuskind Xylitol, hydrogeniertes Kastoröl, Olaflur, Zinnfluorid und Kaliumkarbonat in alkoholisch-wässriger Lösung dargereicht hätte?

14

Neujahr: In nahezu allen Kulturen wurde der Jahresanfang im Zusammenhang mit wichtigen Naturbeobachtungen festgelegt. Häufig wählte man den Zeitpunkt, an dem die Tage wieder länger wurden oder die Frühjahrsarbeiten begannen, auf der Nordhalbkugel also die Wintersonnenwende oder die Tagundnachtgleiche zu Beginn des (astronomischen) Frühlings. Aber auch Termine im Sommer kamen in Frage; in Athen beispielsweise lag der Jahresbeginn nach der Sommersonnenwende. Und auch der Beginn des Winters spielte eine Rolle: Bei den Kelten begann das Jahr am 1. November, bei einigen Germanenstämmen weiter nördlich schon am 1. Oktober. Das war der Zeitpunkt, zu dem das Vieh von der Weide geholt war und die stille Zeit des Jahres begonnen hatte. Gesellschaften, die primär nicht Weidewirtschaft, sondern Ackerbau betrieben, bevorzugten dagegen meist einen Termin, der im Zusammenhang mit den Wachstumsperioden stand.

Der ursprüngliche Neujahrstag der Ägypter war (nach unserem → Kalender) der 19. Juli, der Tag, an dem in Memphis der Fixstern Sirius (den die Ägypter Sothis nannten) erstmals wieder in der Morgendämmerung am Himmel zu sehen ist. Dieser Tag war so bedeutsam, weil ungefähr um diese Zeit die jährliche Nilflut einsetzte, die den fruchtbaren Schlamm auf die Felder spülte. Da der ägyptische Kalender aber nur ein Jahr mit 365 Tagen kannte, wanderte der kalendarische Jahresbeginn, so daß der Neujahrstag nur alle 1461 ägyptische Kalenderjahre auf den 19. Juli fiel. Ein solches Sothis-Jahr war ein ganz besonderes Ereignis (aber immerhin bestand das ägyptische Reich lange genug, um mehrere davon aufzuweisen).

Das römische Jahr begann zunächst mit dem März, war also am Frühlingsbeginn orientiert. Ab 153 v. u. Z. war dann der Januar der erste Monat des Jahres. Mit ihm begann auch die jeweilige Amtszeit des Magistrats. Als Caesar den Julianischen Kalender 45 v. u. Z. einführte, plante er wohl zunächst, das Jahr direkt nach dem kürzesten Tag beginnen zu lassen. Der wurde damals für den 24. 12. berechnet, das Jahr hätte also an unserem 25. 12. begonnen. Doch dann entschloß man sich zu einem Beginn sieben Tage später, damit der Anfang des ersten reformierten Jahres auf den Tag des Neumonds fiel – auf jenen Termin, den wir noch heute als 1. Januar bezeichnen.

Obwohl auch das Christentum den Julianischen als offiziellen Kalender beibehielt, wurde der Jahresanfang noch lange zu unterschiedlichen Terminen gefeiert. Das war nicht sonderlich ungewöhnlich oder ungebührlich; sehr viele Völker benutzten unterschiedliche Kalender parallel, die an staatlichen (Steuern oder Amtszeiten), religiösen (Festtage) oder landwirtschaftlichen (jahreszeitlichen) Fixpunkten orientiert waren. Noch heute sind das Kirchenjahr und das Jahr des Gregorianischen Kalenders selbst in Mitteleuropa nicht identisch.

Bis ins Mittelalter hinein wurde Neujahr so auch am 25. März, an Ostern, am 6. Januar oder am 25. Dezember gefeiert. Doch in allen Religionen war der Neujahrstag immer ein Festtag, der einen Neubeginn markierte und an dem man sich alles Gute für das neue Jahr wünschte. Schon Ende des 15. Jahrhunderts wurde es Mode, sich kolorierte Holzschnitte mit glückverheißenden Devisen zu schenken, und gedruckte Neujahrsglückwünsche mit Bildern und Versen kamen dann um 1800 auf. → Weihnachtskarten

Nieswurz (*Helleborus*): Eine Gattung der Hahnenfußgewächse, deren bekannteste Vertreterin die schwarze Nieswurz (*Helleborus niger*) ist, die, weil sie schon oft um Weihnachten ihre (im Gegensatz zu ihrem Beinamen) weißen Blüten treibt, im Volksmund auch Christrose heißt. Nicht ganz so gut paßt dazu, daß die schwarze Nieswurz zwei digitalisähnlich wirkende Stoffe enthält, die, über die Schleimhäute aufgenommen, zu vermehrtem Speichelfluß, Übelkeit, Erbrechen und Durchfall führen. Die Christrose müßte passenderweise also nicht Nies-, sondern Kotzwurz heißen.

Nikolaus: Ursprünglich der einzige weihnachtliche → Gabenbringer; da er durch das Vordringen des → Christkinds und des → Weihnachtsmanns zum eigentlichen Fest arbeitslos wurde (jedenfalls im deutschen Sprachraum), verlegte er seine diesbezüglichen Aktivitäten auf den Tag, der seiner Ursprungsgestalt, dem heiligen Nikolaus, geweiht ist (6. Dezember).

Der muß allerdings eher eine gespaltene Persönlichkeit gewesen sein, denn dem legendären Heiligen liegen zwei historische Personen zugrunde: Bischof Nikolaus von Myra in Kleinasien (1. Hälfte des 4. Jahrhunderts) und Abt Nikolaus von Sion, Bischof von Pinara, ebenfalls in Kleinasien (gestorben am 10. 12. 564). Diese geographische Lokalisierung erklärt auch, warum der Heilige in der Ostkirche noch mehr Verehrung genießt als in der römischen. Er ist Schutzheiliger der Schiffahrt, der Kaufleute und Bäcker und vor allem der Schulkinder.

Der Bischof von Myra verhalf der Legende nach drei bettelarmen Bräuten durch ein Wunder doch noch zu einer ansehnlichen Mitgift; daher hat er seinen Ruf, freigebig Geschenke zu verteilen, zwar nicht mehr an Bräute, aber an seine Schutzbefohlenen, die Kinder.

Dargestellt wurde er zunächst korrekt mit Bischofsstab und Mitra, in den katholischen Gebieten auch noch bis in unsere Zeit; in den protestantischen Ländern mutierte die Mitra zur Zipfelmütze, das Bischofsornat zum roten dicken Wintermantel (der in Kleinasien ziemlich unangebracht gewesen wäre), und statt der strengen Züge eines Heiligen zeigt er über wucherndem weißen Rauschebart nun die eher milden eines gütigen Großvaters. In jüngster Zeit nimmt er unter dem Einfluß seines transatlantischen Vetters → Santa Claus eher disneyhafte Charakteristika an.

Die wohl verblüffendste Begegnung mit dem Nikolaus erwartet Touristen, die sich im Sommer nichtsahnend in das (sehr sehenswerte) archäologische Museum in Antalya begeben: Dort finden sie in einer der Vitrinen auf rotem Samt ein paar Knochenfragmente mit der Zuordnung Sankt Nikolaus. Das ist der traurige Rest dessen, was von dem Heiligen in seiner Heimat verblieben ist.

So profan war man früher nicht mit ihm umgegangen. Bereits im 5. Jahrhundert hatte man in Myra über seinem Grab eine Basilika errichtet. Doch nachdem die Stadt von den Seldschuken geplündert worden war, konnten sich italienische Kaufleute (oder waren es Piraten?) 1087 ungehindert bedienen: Sie bemächtigten sich der Gebeine des Bischofs und schafften sie in ihre Heimatstadt Bari. Dort bekam er eine ordentliche neue Basilika und wird alljährlich im Mai mit einem prächtigen Fest geehrt – was erheblich zu seiner Popularität im Westen beigetragen hat und dem italienischen Tourismus gewiß nicht abträglich ist.

15

*O*besität: Die Eigenheit des Körpers, durch Fettanhäufung sein Gewicht zu vermehren. Man muß dabei unterscheiden zwischen der primären und den verschiedenen Formen der sekundären Obesität.

Die primäre Fettsucht ist keine Krankheit, sondern gerade in der Adventszeit der Normalfall: Durch ein Mißverhältnis zwischen Nahrungsbedarf und verzehrtem Nahrungsangebot erfolgt eine weit über das Normalmaß hinausgehende Fettspeicherung.

Die sekundäre Fettsucht ist entweder zerebral gesteuert und tritt nach Gehirnerkrankungen auf (Tumore, Enzephalitis, Fröhlich-Syndrom und so weiter) oder hormonell bedingt (in der Pubertät, im Klimakterium, beim Cushing- und anderen Syndromen).

Die Fettspeicherung erfolgt in allen Fällen auf die gleiche Weise: Unser Körper hat dafür spezielle Depots, die Fettzellen. Sie werden aus Retikulumzellen gebildet, sind ungefähr 20 bis 120 μ groß, haben eine deutlich ausgebildete Zellmembran und einen randständigen Zellkern. Sie enthalten entweder einen einzigen, den gesamten Zytoplasmaleib ausfüllenden Tropfen univakuoläres, weißes Fett oder mehrere kleine Tröpfchen lipochromhaltiges, plurivakuoläres, braunes Fett.

Das dumme an diesen Fettzellen ist, daß wir sie nie wieder loswerden, wenn sie sich erst einmal ausgebildet haben. Deshalb bleibt, wer schon als Baby dick war, meist das ganze Leben lang übergewichtig. Wenn wir uns die weihnachtlichen Pfunde wieder herunterhungern, schrumpfen die Fettzellen bloß und bleiben auf der Lauer liegen, bis sie spätestens zu Ostern wieder jede Menge überschüssiger Lipide bekommen, die sie begierig in sich hineinstopfen.

Dabei ist Abnehmen ein mühseliges Geschäft: Um 1 kg Fett

abzubauen, müssen Sie 6000 kcal einsparen! Wenn Sie also einen Tagesbedarf von 2500 kcal haben (Büromensch mittleren Alters), müssen Sie sechs Tage lang mit 1500 kcal oder zwölf Tage mit 2000 kcal auskommen. Oder, anders ausgedrückt, auf 150 kleine Pralinés, 171,5 Salzstangen, 51 kleine Bierchen oder 23 Paar Wiener Würstchen verzichten. Alternativ könnten Sie 17 h joggen, 34 h 20 min Auto waschen oder 71,5 h lang die Tastatur Ihres Computers bearbeiten. → Polyphagie

Oblate: Papierähnliches, dünnes, aus ungesäuertem und ungesalzenem Teig gebackenes Trägermaterial für präweihnachtliche Dauerbackwaren, die aufgrund ihrer Zusammensetzung anderenfalls zu einem amorphen Brei zerlaufen und mit dem Backblech eine unlösbare, fugenlose Verklebung eingehen würden – was gelegentlich auch trotz der Verwendung von Oblaten passiert. Sprachlich abzuleiten aus dem kirchenlateinischen *oblata*, einer verselbständigten Form des Partizips von *offere*, darbringen, opfern, denn die *oblàta* ist die unkonsekrierte (nicht geweihte) Form der *hostia*, der Hostie, die im christlichen Kultus beim Abendmahl den Leib des Herrn symbolisiert. Was angesichts der perfekten Geschmacklosigkeit von Oblaten, an der auch das Weihen nichts ändert, wieder einmal zeigt, daß das Christentum wahrhaftig keine positive Einstellung zum Leib hat.

Obstipation: Verstopfung, das heißt im engeren medizinischen Sinn die erschwerte Defäkation mit übermäßig langer Passagezeit der Faeces und deren mühsame Abgabe in nur kleinen Portionen, auch Obstructio oder Constipatio genannt. Häufige Advents- und Weihnachtserscheinung, da bei ansonsten gesundem Kolon (Darm) die Hauptursache ein Mißverhältnis zwischen Koloninhalt und Kolonvolumen ist, welches wiederum von einem Mißverhältnis von Nähr- und Ballaststoffen des → Festmahls herrührt. Abhilfe schaffen der vermehrte Verzehr von Ballaststoffen (Rohkost, Leinsamen, Kleiemüsli und so weiter), auch wenn das häufig → Flatulenz zur

Folge hat, und die Zufuhr ausreichender nichtalkoholischer Flüssigkeitsmengen.

An zweiter Stelle folgen ursächlich psychogene Hemmungen des Defäkationsdrangs in Ausnahmesituationen wie etwa auf Reisen oder in Streßsituationen, zum Beispiel wenn über Weihnachten die Schwiegermutter zu Besuch ist (→ Chaostheorie).

Die Psychoanalyse kennt daneben den auf die zweite Hälfte der analsadistischen Entwicklungsphase fixierten sogenannten analen Charakter, der durch starken Ordnungs- und Reinlichkeitssinn, generelle Zurückhaltung dessen, was ihm gehört, somit Geiz und somit häufige Obstipation geprägt ist. Abhilfe schafft bei den schwachen psychogenen Formen der Abbau der Streßsituation (Urlaubsende abwarten, Schwiegermutter heimschicken), beim analen Charakter nur eine mehrjährige Psychoanalyse. Da man so lang nicht warten kann, halten Apotheken in der Regel große Mengen von Abführmitteln vorrätig.

Osterhase: Hochinteressantes Stichwort, das in einem wissenschaftlichen Adventsbegleiter eigentlich rein gar nichts zu suchen hat.

Von Belang ist allerdings, daß bei Schokoladenguß-Hohlkörpern der Osterhase als Mutation des → Weihnachtsmanns gilt und vice versa. Zu diesen Transformationen kommt es regelmäßig nach Überproduktion durch die Schokoladenindustrie. Die Mutation vollzieht sich durch Umverpuppung in anders bedrucktes Stanniol. Womit endgültig geklärt wäre, warum billige Schokoladenhasen so hoch aufgerichtet daherkommen und die senkrecht gestellten Ohren ganz eng aneinanderlegen und warum billige Schokoladenweihnachtsmänner doppelzipfelige Mützen tragen.

16

Parthenogenese: Sogenannte Jungfernzeugung, → Unbefleckte Empfängnis.

Pistenschreck, zool. *Homo horribilis schneeschuhensis*: Schräger Zugvogel, der nach Übersommerung in urbanen Habitaten alljährlich von November, spätestens Dezember an mit den ersten Schneefällen die Alpenhänge aufzusuchen beginnt, welche er in der Regel nicht vor Ende der Osterferien wieder verläßt. Besonders gefürchtet ist der Pistenschreck bei seinen nächsten Primatenverwandten, dem *Homo stemmbogensis* und dem *Homo longi loipi*, unter denen er Saison für Saison zahlreiche Opfer reißt.

In jüngster Zeit wurde eine seltsame, einfüßige Mutation des *Homo horribilis schneeschuhensis* beobachtet, deren Ursprung vorläufig noch unklar ist. Möglicherweise ist sie auf eine um sich greifende Mangelernährung der adoleszenten Teilspezies zurückzuführen (*Morbus fastfoodi*), vielleicht auch auf einen genetischen Defekt, der durch das ubiquitäre Umweltgift $C_3O_2L_1A_2$ verursacht wurde. Die Mutation gilt als eigene Subspezies, seit sie 1996 von Prof. Kneissl-Hahnenkamm als *Homo horribilis snowboardensis* klassifiziert wurde.

Poinsettie oder Weihnachtsstern: Die vor allem als Gastgeschenk beliebteste Zimmerpflanze der präweihnachtlichen Wochen. In den USA gilt sie, zusammen mit Stechpalme und → Mistel, als Weihnachtssymbol schlechthin. Die ursprünglich von den Hochebenen Mexikos stammende Strauchpflanze war bereits den Azteken heilig. Sie gewannen einen roten Farbstoff aus ihren Blättern und aus ihrem weißen Pflanzensaft eine Fiebermedizin. Biologisch gehört die Poinsettie zu den Wolfsmilchgewächsen (Euphorbiazeen) und trägt den Namen *Euphorbia pulcherrima* (sehr schöne Wolfsmilch). Diesen Namen gab ihr 1812 der Berliner Botaniker Wildenow, ihre populäre Bezeichnung verdankt sie Joel Robert Poinsett, der 1825 Botschafter in Mexiko war und die ersten Stecklinge in die USA schickte.

Erst Anfang dieses Jahrhunderts gelang es, die Poinsettie, die in ihrer Heimat bis zu 2 m Meter hoch wird, als Topfpflanze von höchstens 50 cm zu züchten. Wahrscheinlich bewirken Viren den strauchförmigen Zwergwuchs. In den sechziger Jahren kam sie auch auf den mitteleuropäischen Markt und wurde schnell so populär, daß heute zum Beispiel in der Bundesrepublik pro Jahr 30 Millionen Exemplare vermehrt und in allen Farbvarianten von rot, pink, gelb und weiß angeboten werden.

Auf sonderlich natürliche Weise vollzieht sich diese Vermehrung allerdings nicht; einige Pflanzen werden in viele, viele kleine Stückchen gehackt, und aus denen wird die Nachkommenschaft quasi geklont (wenn auch nicht gentechnisch): Inzucht in Reinkultur. Entsprechend anfällig ist der so erzeugte Nachwuchs.

Er braucht einen hellen Standort, gleichmäßige Feuchtigkeit und eine Temperatur von 15 °C bis höchstens 18 °C. Unsere Wohnzimmer sind also im allgemeinen nicht gerade der passende Biotop. In trockener Heizungsluft wie bei Staunässe werfen Weihnachtssterne schnell ihre unteren Blätter ab, so daß sie als Gewächse von eher trauriger Gestalt nur selten bis zum Christfest durchhalten und von wenig feinfühligen Zeitgenossen einfach mehrmals ersetzt werden. Die immense Zahl von 30 Millionen ist mithin nicht allein in der Beliebtheit des Weihnachtssterns begründet.

Selbst sensiblere Blumenfreunde schaffen es so gut wie nie, die eigentlich mehrjährige Pflanze auch nur über einen einzigen Sommer zu bringen. Bislang ist es nicht gelungen, resistentere Formen zu züchten. Ein Versuch mit einer virusfreien Pflanze, der auch zu einem ökologisch sinnvolleren Zuchtverfahren beitragen soll, hat erst einmal dazu geführt, daß diese Laborpflanzen eine Höhe von über 3 m erreichten – sie trieben einen kerzengeraden Stengel ohne jegliche Verzweigung, auf dem oben eine einsame »Blüte« saß.

Die »Blüten«, denen der Weihnachtsstern seine große Beliebtheit verdankt, sind in Wirklichkeit die kräftig gefärbten Hochblätter. Mit dieser auch Scheinblüte genannten Mimikry lockt die Pflanze die zur Bestäubung nötigen Insekten an ihre kleinen, äußerst unscheinbaren eigentlichen Blüten.

In seinen Stengeln hat der Weihnachtsstern, was typisch für Euphorbiazeen ist, einen milchigen Saft, der Entzündungen und Hautreizungen hervorrufen kann und der der Grund für den deutschen Gattungsnamen ist. Wolfsmilchgewächse sind in Mitteleuropa wie in den Tropen verbreitet. Der Kautschukbaum gehört ebenso dazu wie der aus Madagaskar kommende Christusdorn (*Euphorbia milii*), dessen Äußeres die Verwandtschaft zum Weihnachtsstern kaum ahnen läßt.

Polyphagie (dt. Vielessen, Gefräßigkeit): Weitverbreitete krankhafte Neigung zur Steigerung der Nahrungsaufnahme, besonders gefährlich zwischen 1. Advent und Dreikönig. Häufig psychisch bedingt, wobei zwischen Frust-, Lust- und Ersatzessern unterschieden werden kann. Besonders schwer haben es die gar nicht so wenigen Menschen, die sowohl Ersatz- als auch Lust- *und* Frustesser sind (sogenannte Permapolyphagie). Pathologische Formen gelten entweder als psychiatrisches Krankheitsbild oder sind auf andere Ursachen zurückzuführen, etwa Diabetes mellitus (Zuckerkrankheit), pathologische Hypoglykämiephasen (krankhafte Unterzuckerung), Adipositas (allgemeine Fettsucht) und Hirntumore sowie andere zerebrale Störungen. →Obesität

Pottasche: Veraltetes Backtreibmittel, das ähnlich wie → Hirschhornsalz überwiegend nur noch im Privathaushalt für traditionelles Weihnachtsgebäck verwendet wird. Dient daneben der Herstellung von Schmierseife und Kaliglas. Chemisch handelt es sich um schlichtes Kaliumcarbonat (K_2CO_3), das in Flüssigkeit gelöst in den Teig gegeben wird. Zur Freisetzung des treibenden Kohlendioxids aus dem Kaliumcarbonat während des Backvorgangs ist die Gegenwart einer Säure notwendig, etwa bei Lebkuchen in Form der im Honig enthaltenen Ameisensäure oder in Form von Milchsäure, die bei einer Tage bis zu Wochen dauernden Vergärung des Teigs gebildet wird. In beiden Fällen ist eine exakte Dosierung nicht möglich, was mit ein Grund dafür ist, daß selbstgemachte Oblatenlebkuchen oft die Konsistenz und haptische Qualität von Gipskartonplatten haben. Das moderne Backpulver ist daher vorzuziehen, nicht zuletzt auch, weil Pottasche einen bei süßen Backwaren eigentlich unerwünschten laugigen Beigeschmack hinterläßt.

Die Herleitung des nicht sonderlich appetitlichen Namens ist bei Volkskundlern und Etymologen umstritten. Die einen führen die Bezeichnung auf die mit Pech wasserdicht versiegelten Töpfchen zurück, in denen Pottasche im Mittelalter gehandelt wurde, die anderen auf die großen Eisentöpfe, in denen man sie früher aus veraschtem Holz und anderen Pflanzenteilen gewann. Heute wird sie überwiegend synthetisch hergestellt oder aus natürlichen Vorkommen (zum Beispiel Totes Meer) gewonnen.

17

Quatember (von lateinisch *quattuor tempora*, vier Zeiten): Drei Buß- und Fasttage mit besonderen Gottesdiensten, die zu Beginn jeder Jahreszeit am Mittwoch, Freitag und Samstag eingelegt werden sollen, und zwar in der ersten Fastenwoche, in der Pfingstwoche, nach dem 14. September und nach dem 13. Dezember. Obwohl eigentlich der gesamte → Advent im Kirchenjahr eine Fastenzeit ist, dürften heute vor allem die dezemberlichen Quatembertage kaum mehr eingehalten werden, obwohl sie trefflich geeignet wären, → Obesität und → Völlegefühl wenigstens ein Stück weit Einhalt zu gebieten.

Vor allem aber geben die zusätzlichen Fastentage in Zeiten, die sowieso Fastenwochen sind, ein beredtes Zeugnis davon, wie schwer es für die Kirche war, ihre Schäfchen dazu zu bringen, solche Gebote zu befolgen. Was die diesbezüglichen Anstrengungen lediglich bewirkt haben, sind zusätzliche Genüsse in Form besonderer Fastenspeisen und -getränke wie schwäbische Maultaschen, Lebkuchen, Spekulatius, Frankfurter Grüne Sauce (von der schon Goethe schwärmte) oder das bayerische Starkbier – um nur einige zu nennen.

Quempas-Singen (von dem Weihnachtslied »Quem pastores« abgeleitet): Im 15. Jahrhundert aufgekommener Brauch, bei der Christmette in den frühen Morgenstunden des ersten Weihnachtstags Wechselgesänge abzuhalten beziehungsweise singend von Haus zu Haus zu ziehen, um Gaben zu erhalten.

Die Quempas-Sänger waren ursprünglich Lateinschüler, und sie sangen ihre Lieder auch in dieser Sprache. Für die Übersetzung des namengebenden Liedes waren sie hoffentlich nicht zuständig, denn die demonstriert eher den unbedingten Willen, einen Reim zu produzieren, als Feingefühl im Umgang mit der deutschen Sprache:

Quem pastores laudavere	Den die Hirten lobten sehre
Quibus angeli dixere:	Und die Engel noch viel mehre:
Absit vobis iam timere,	Fürcht' euch fürbaß nimmermehr,
Natus est rex gloriae.	Euch ist geboren ein König in Ehr'.

Bereits seit dem 14. Jahrhundert wurden die lateinischen Texte zunehmend eingedeutscht, gelegentlich gab es auch Mischformen, wie beispielsweise in dem noch heute überall bekannten Weihnachtslied »In dulci jubilo«, wo in der Zeile »Unsres Herzens Wonne leit in praesepio« Hochdeutsch, Dialekt und Latein reichlich wüst kombiniert werden, um zu verkünden, daß das Jesuskind in der Krippe liegt.

Das Quempas-Singen war vor allem in mitteldeutschen Gegenden verbreitet, in Vorpommern, Mecklenburg, Brandenburg, Thüringen und bis hinunter zum Erzgebirge, und hat sich dort teilweise bis ins 20. Jahrhundert erhalten. Festgehalten wurden die Lieder in handgeschriebenen, sorgsam verzierten Heften, an denen die Schüler wochenlang arbeiteten.

Berühmt war die Quempas-Messe von Luckau in der Nieder-Lausitz. Sie begann um fünf Uhr früh und zog sich über Stunden hin. Im Mittelpunkt stand »Quem pastores«, das mit sämtlichen Strophen im Wechsel von vier Chören gesungen wurde, die sich an den vier Seiten des Kirchenschiffs aufstellten.

Aus Berlin ist die Form überliefert, daß drei der Chöre (jeweils Jungen) beim Singen zum Altar schreiten, während die Mädchen oben auf dem Orgelchor postiert sind. Diese Prozession beim Singen gab es relativ häufig, früher trugen die Sänger dazu Fackeln, einen Stern auf einem Stab und auch noch weitere Schmuckelemente, teilweise gab es sogar szenische Darstellungen – eine optische wie musikalische Üppigkeit, die man sonst in protestantischen Kirchen nicht erwarten würde. Offensichtlich war diese Messe auch eine sehr feuchtfröhliche Angelegenheit: Zumindest bei einer Gelegenheit sei der Prediger als einziger nüchtern gewesen, berichtet eine Quelle. Wilhelm I. von Preußen erließ denn auch ein Verbot des Quempas-Singens, doch dem war wenig Erfolg beschieden. Unter Friedrich dem Großen wurde es wieder zugelassen.

Rau(c)hnächte: Die Volkskunde ist sich absolut uneins, wovon der Begriff abzuleiten ist, ob von rauh gleich pelzig, was auf die mit Fellen versehenen Dämonen verweist, die diese Nächte bevölkern, oder von Rauch, also dem Brauch, Gebäude mit geweihtem Rauch zu reinigen, oder schlicht von rauh gleich hart, um die dunkelste und oft kälteste Zeit des Jahres zu benennen (→ Mittwinter). Ebenso unterschiedlich ist ihr Zeitraum, sehr häufig sind sie identisch mit den →Zwölften.

Als besonders gefährlich galten die Weihnachts-, die Silvester- und die Dreikönigsnacht. Deshalb wurden (und werden teilweise auch heute noch) vor allem in diesen drei Nächten Häuser und Stallungen und nicht zuletzt Amtsgebäude mit geweihter Kohle oder Weihrauch »ausgeräuchert«, um die Dämonen aus ihnen fernzuhalten.

Die Nacht vor Dreikönig wird oft als Perchtnacht bezeichnet, dann (aber auch in anderen Rauhnächten, hier wechseln Termine, Dauer, Vorstellungen und Gegenzauber gleichfalls von Landstrich zu Landstrich) treibt Frau Perchta samt Gefolge ihr Unwesen und muß besänftigt werden. In Oberbayern und im Salzburger Land hat sich bis heute das Perchtenlaufen erhalten: Umzüge der Männer mit Tierköpfen, Teufelsmasken, Pelzen, Hörnern, Schellen und Trommeln. Bereits aus dem 6. Jahrhundert sind Predigten bekannt, die versuchten, diesem heidnischen Treiben Einhalt zu gebieten – mit wenig Erfolg (und es ist kaum zu erwarten, daß sich daran etwas ändern wird, denn heutzutage dienen die Perchtenläufe weniger der Dämonenabwehr, sondern eher der Touristenanlockung).

Rauschgold (auch Flitter-, Knitter- oder Lug-Gold): Goldfarbenes, dünngewalztes und poliertes Messingblech von 0,01–0,03 mm Stärke, das seit der zweiten Hälfte des 17. Jahrhunderts zu weihnachtlichen Dekorationszwecken diente, vor allem wie Blattgold zur »Vergoldung« von Äpfeln, Nüssen und so weiter, zur Herstellung von Rauschgoldengeln und in Form von Flittergold als direkter → Christbaumschmuck; es wurde in dieser Funktion aber weitgehend vom → Lametta verdrängt. In den angelsächsischen Ländern wird Rauschgold gemeinsam mit Lametta und ähnlichem als *tinsel* bezeichnet, Flitterkram, und *tinseltown* nennt der amerikanische Volksmund denn folgerichtig auch die Stadt des schönen Scheins: Hollywood.

Reif: Niederschlag in Form von nadel-, schuppen- oder federförmigen Eiskristallen. Fällt im Gegensatz zu → Schnee nicht aus höheren Schichten der Atmosphäre, sondern bildet sich lokal, wenn Oberflächen auf unter 0 °C abkühlen und der Wasserdampf der etwas wärmeren Umgebungsluft an diesen auskristallisiert. Kann an filigranen Strukturen wie beispielsweise hohen Gräsern oder kahlen Zweigen von großer ästhetischer, auf ebenen Oberflächen wie etwa Straßenbelag von kraftfahrttechnisch verheerender Wirkung sein. Ist nämlich, obwohl der Volksmund von Rauhreif spricht, fast genauso glatt wie die Normalform von → Eis.

Rentier: Eine an große Kälte angepaßte, die Tundrazonen Europas und Nordamerikas bevölkernde Hirschart, wissenschaftlich *Rangifer tarandus*, einzige Spezies der Unterfamilie Rangiferinae, Familie Cerviden (Hirsche). Im Gegensatz zu allen anderen Hirschen tragen beim Ren oder Rentier beide Geschlechter ein Geweih, das der Männchen ist nur etwas größer. Die nordamerikanische Unterart (*Rangifer tarandus caribou*) wird auch Karibu oder Waldren genannt. Aus der nordeurasischen (*Rangifer tarandus tarandus*) wurde das Hausren gezüchtet, die einzige domestizierte Hirschart. Es gibt sie in den Varianten Fleischren (kurzbeinig) und Zug- oder Reitren (hochbeinig).

Das Hausren ist die Lebensgrundlage von traditionell lebenden Stämmen der Tungusen, Tuwiner und Samen (Lappen). Es liefert Fleisch, Milch (22% Fett, sehr nahrhaft!), Wildleder, und früher fertigte man aus dem Geweih und den Knochen auch noch Werkzeuge. Die Domestizierung gelang nur unvollkommen: Auch das Hausren hat den jahreszeitlich bedingten Wandertrieb der Spezies nicht abgelegt und zwingt seine Züchter somit zum Nomadentum.

Eine sehr seltene, biologisch noch völlig unerforschte flugfähige Unterart liefert die Zugtiere für den Schlitten → Santa Claus' und des → Weihnachtsmanns.

Rudolph: Ein spezielles flugfähiges → Rentier aus einer kleinen nordamerikanischen Sub-Subfamilie (*Rangifer tarandus caribou var. disney*) mit der für diese kälteliebende Spezies merkwürdigen Besonderheit, immer an einer roten Nase zu leiden. Hört offiziell auf den Namen *Rudolph the Red-nosed Reindeer*. Geboren 1949, hat es mittlerweile ein für Hirsche stattliches Alter erreicht, ist aber nach wie vor putzmunter.

Rudolph ist das bekannteste Rentier vor dem Schlitten von → Santa Claus. Es gesellte sich zu den übrigen acht (sie heißen Dasher, Dancer, Prancer, Vixen, Comet, Cupid, Donner und Blitzen), als Gene Autry (Musik) und Johnny Marks (Text) 1949 ein Weihnachtslied mit Rudolphs Namen als Titel und ihm als Hauptfigur veröffentlichten. Es wurde rasch sehr populär. Auf dem Lied basiert ein gleichnamiger, 1964 uraufgeführter Zeichentrickfilm, der Rudolph vollends berühmt machte und nun alljährlich im Fernsehen wiederholt wird.

Die Geschichte ist rasch erzählt: Rudolph hat immer eine rote Nase, sie scheint regelrecht zu glühen. Die anderen Rentiere lachen ihn deswegen aus und lassen ihn nie mitspielen. Der arme Rudolph ist deswegen sehr traurig. Dann kommt in einer dunklen Winternacht Santa Claus und sagt: »Rudolph, du mit deiner leuchtenden Nase, willst du meinem Schlitten heut' nacht den Weg weisen?« Da sind die anderen Rentiere stolz auf ihn und lassen ihn hochleben: »Du wirst in die Geschichte eingehen!«

Was ja dann dank der Vorliebe unserer US-amerikanischen Freunde für sentimentalen Kitsch auch tatsächlich passiert ist.

So sehr, daß ihm der Übervater des schwarzen Rock ’n’ Roll, Chuck Berry, sogar ein zweites musikalisches Denkmal setzte: *Run, Run Rudolph!* heißt der Song, in dem sich der Gemeinte und seine Kumpels mächtig anstrengen müssen, damit ein kleiner Junge seinen einzigen Weihnachtswunsch noch rechtzeitig erfüllt bekommt: eine elektrische Gitarre (ein vermutlich autobiographisches Motiv).

Chuck Berry ist, was bei einem Rock ’n’ Roller vielleicht überrascht, ohnehin ein ganz großer Weihnachtsfan und hat mit *Merry Christmas, Baby* eine sehr schöne Kombination von Weihnachts- und (säkularem, natürlich!) Liebeslied geschrieben – der Form nach ein klassischer Blues (das Gitarrensolo zitiert *I’m Dreaming of a White Christmas*), aber alles andere als traurig: Er sitzt mit der Angebeteten inmitten eines Berges von Geschenken unter dem Weihnachtsbaum, hat von ihr eine Hi-Fi-Anlage bekommen (*Now I’m living in paradise*), und die letzten beiden Zeilen lauten: *I will always love you baby, I’m as happy as can be!*

19

Santa Claus: Der → Nikolaus der angelsächsischen Länder, der dort allerdings die Funktion des → Weihnachtsmanns hat. Er kommt – der Heiligabend hat dort nicht die Bedeutung wie bei uns – in der Nacht vom 24. auf den 25. Dezember durch den Schornstein und steckt den Kindern die Geschenke in die Strümpfe, die sie am Kamin aufgehängt haben.

In den USA hat er sich zu einer regelrechten Kultfigur entwickelt. Bei allen Unterschieden, die es im *melting pot* aufgrund der divergierenden ethnischen Herkunft der Bevölkerungsgruppen gibt, ist Santa Claus das alle einende Weihnachtssymbol schlechthin. (Es bleibt aber abzuwarten, ob in den jetzigen Zeiten der *political correctness* nicht eines Tages eine Verordnung kommt, daß der Weihnachtsmann jedes zweite Jahr von schwarzer Hautfarbe zu sein habe, dann jedes zweite Jahr dazu eine Santa Clausa und so weiter.)

Vorläufer hatte Santa Claus im Sinterklaas der niederländischen und im St. Nicholas der irisch-katholischen Einwanderer. Outfit, Alter und Barttracht übernahm er dann 1863 von unserem Weihnachtsmann: Damals zeichnete ihn der bayrische Emigrant Thomas Nast erstmals so in der Zeitschrift *Harper's Bazaar*; inzwischen ist er aber meist noch fröhlicher und noch wesentlich runder – etwas mickymausiger sozusagen. Wie die amerikanischen Autofahrer, die gern mit hubraumstarken Achtzylindern protzen, gibt sich Santa Claus schon seit 1832 mit nicht unter acht Rentieren vor seinem Schlitten zufrieden (Clement Moore, *A Visit from St. Nicholas*), und vor rund fünfzig Jahren reichten auch die ihm nicht mehr, ein neuntes mußte her (→ Rudolph). Auch im sonnigen Südkalifornien und im subtropischen Florida darf der Bedauernswerte Zipfelmütze und Wintermantel nicht ablegen; mehr leiden muß höchstens noch sein australischer Kollege.

Santa Claus führt auch ein massenhaftes Doppelleben als Plastikfigur. Haus und Vorgarten in der Adventszeit weihnachtlich zu dekorieren und dabei nach Kräften die Nachbarn zu übertrumpfen ist nämlich amerikanischer Nationalsport: Möglichst das ganze Haus wird mit Lichterketten konturiert, im Garten werden nicht nur geschmückte Weihnachtsbäume, natürlich wieder mit Lichterketten, aufgestellt, sondern auch lebensgroße Santa-Claus-Figuren samt Rentier und Schlitten: Disneyland ist überall.

Saturnalien: Heidnischer Weihnachtsvorgänger. Ein Fest zu Ehren des Gottes Saturn, das die Römer nach der Beendigung der Winteraussaat vom 17. bis 19. Dezember feierten. Saturn war der Agrargott, von ihm lernten die Menschen die Bodenbestellung und die Segnungen der Zivilisation. Dem Mythos nach war der Gott ein Fremdling aus Griechenland oder Phrygien, der von Jupiter entthront worden war und in Italien Zuflucht gefunden hatte. Zugleich galt er auch als ein früher König von Latium, dessen Herrschaft ein Goldenes Zeitalter des Glücks und der Zufriedenheit war. In seinem Tempel am Fuß des Kapitols wurden der römische Staatsschatz, die Gesetzestafeln sowie die Verzeichnisse der Senatsbeschlüsse verwahrt.

Ursprünglich waren die Saturnalien ein Bauernfest, mit dem die Reinigung und die Wiedererstarkung der Natur gefeiert wurden. Im 3. Jahrhundert v. u. Z. wurden sie zunächst nur noch von wenigen Familien begangen, 217 v. u. Z. aber vom Senat wiederbelebt und bekamen allmählich einen regelrechten Volksfestcharakter.

Die Saturnalien wurden zum ausgelassensten und fröhlichsten Fest des Jahres. Sie begannen mit einem Opfer im Tempel, das barhäuptig dargebracht wurde, daran schloß sich ein öffentliches Festmahl an, zu dem jedermann Zutritt hatte. Es folgten private Orgien und eine Art Karneval, der sich bis in die Nacht hinein erstreckte. Außerdem waren es die einzigen Tage im Jahr, an denen Glücksspiele in der Öffentlichkeit erlaubt waren. Die Standesunterschiede waren aufgehoben, alle Arbeit ruhte, auch die Sklaven waren von ihren Pflichten entbunden und wurden teilweise sogar von ihren Herren bedient. Jeder Haushalt bestimmte einen »König«, dessen Aufgabe es war, die Festlichkeiten zu leiten.

Man trug dabei festliche Kleidung und eine runde Filzkappe (*pilleus*), die als »Freiheitskappe« galt. Die Saturnalien waren von Großzügigkeit geprägt, man machte sich wechselseitig Geschenke und überreichte brennende Kerzen. Sogar einen »Karnevalsruf« gab es: *Io Saturnalia* (Juchhe, Saturnalien).

Im 4. Jahrhundert u. Z. sind die Saturnalien-Bräuche dann in den christlichen Festen aufgegangen. Elemente der Saturnalien finden sich bis auf den heutigen Tag in unserem Weihnachtsfest (Kerzen, Geschenke) wie im Karneval (charakteristisch: die »verkehrte« soziale Welt) wieder, und viele der Bräuche gingen auch auf den Neujahrstag über.

Nicht jeder Römer liebte übrigens das ausgelassene und laute Fest: Von Plinius dem Jüngeren (61/62–133 u. Z.) ist überliefert, daß er sich einen schalldichten Raum bauen ließ, in den er sich in diesen Tagen zurückzog. Was man angesichts des heutigen Adventsrummels auch gut nachvollziehen kann.

Schnee: Wintertypischer Niederschlag in Form von atmosphärisch gebildeten Eiskristallen. Wie stets, wenn Wasser zu → Eis gefriert, ordnen sich die Moleküle aufgrund ihrer inneren Struktur zu Hexagonen (Sechsecken). Das geschieht in Abhängigkeit von der Temperatur auf ganz unterschiedliche Weise. Bei weniger als –20 °C entstehen beispielsweise feine, nadelförmige Kristalle, bei höheren Temperaturen bilden sich kleine hexagonale Säulen und Platten, zum Gefrierpunkt hin schließlich immer komplizierter aufgebaute und immer größer werdende sechsstrahlige Sternchen, die Schneeflocken. Da sich an deren Strahlen unzählige Verzweigungen und Unterverzweigungen und so weiter ausbilden können, ist der Formenreichtum dieser komplexen Kristalle praktisch unendlich; daß aber keine Schneeflocke der anderen gleicht, wie der Volksmund behauptet, ist schon aus Gründen der Wahrscheinlichkeitsrechnung ausgeschlossen.

Schneeflocken bauen trotz ihres praktisch unendlich großen Formenreichtums stets auf einem sechseckigen oder sechsstrahligen, symmetrischen Grundraster auf.

Bei niedrigeren Temperaturen fällt der bei Skiläufern beliebte feinkörnige, »trockene« Pulverschnee, nahe dem Gefrierpunkt der bei Fußgängern unbeliebte großflockige, »nasse« Pappschnee. Bei sehr starkem → Frost kann es zum sogenannten Polarschnee kommen: Aus einem wolkenlosen Himmel fallen feinste Eisnadeln, die sich aus dem Wasserdampf, mit dem die Atmosphäre übersättigt ist, gebildet haben. Ein modernes Phänomen ist der Industrieschnee, der ebenfalls bei klarem Himmel vorkommen kann: Er fällt aus mit Wasserdampf gesättigten Industrieabgasen, wenn diese sich mit der kälteren Umgebungsluft vermischen.

Eine geschlossene Schneedecke ist aufgrund der in winzigen Hohlräumen darin eingeschlossenen Luft ein ausgezeichneter Isolator, der vielen Pflanzen das Überwintern erst ermöglicht. Und das machen sich Tiere wie beispielsweise → Rentiere zunutze, die die Schneedecke aufscharren und sich von den Gräsern und Flechten darunter ernähren.

Sauberer Schnee reflektiert ausgesprochen viel Licht, nämlich bis zu 90 %, so daß Sonnenschein allein meist nicht reicht, um ihn abzutauen, es muß auch noch warme Luft hinzukommen. Da sich bei klarem Wetter über Schnee aber die Luft zusätzlich abkühlt, folgt eine sich selbst stabilisierende, langanhaltende Kaltwetterlage, wenn erst einmal eine geschlossene Schneedecke das Land überzieht.

Schneemann: Ein beliebtes säkulares Weihnachtssymbol, was allerdings nicht besonders logisch ist, da in weiten Teilen Mitteleuropas an den Festtagen wenig bis überhaupt kein Schnee liegt. Selbst wenn es gelingt, genügend davon für einen

Schneemann zusammenzukratzen, ist diesem meist kein langes Leben beschieden, da die Temperaturen gegen Ende Dezember tags oft Werte über dem Gefrierpunkt erreichen (in manchen Jahren gibt es an Weihnachten überhaupt keinen Frost), so daß sich bestenfalls im Alpenraum eine stabile Schneemannpopulation halten kann.

Um solche Probleme zu umgehen, gibt es in den USA, die ja bis in die Subtropen hinabreichen, mannshohe, von innen beleuchtete Plastik-Schneemänner. Besonders überzeugend wirken sie entlang der tropisch heißen Palmenstrände von Puerto Rico. Kitsch und Kommerz kennen keine Logik.

Sol Invictus (lateinisch, »die unbesiegte Sonne«): Unter diesem Namen wurde im Römischen Reich der Sonnengott verehrt. Von der ersten Hälfte des 1. Jahrtausends v. u. Z. an war er unter dem Namen Mithras einer der persischen Hauptgötter und zunächst für Verträge zuständig; die älteste Erwähnung stammt aus dem 14. Jahrhundert v. u. Z.: Da wird er als Eideshelfer in einem Vertrag zwischen Hurritern und Hethitern angeführt, zwei recht streitlustigen Kulturen in Zentral- beziehungsweise Südostanatolien und Nordsyrien. Erst später wurde Mithras auch zum Sonnengott. Sein Kult breitete sich schon bald über ganz Kleinasien aus, von wo ihn römische Soldaten und Kaufleute dann im 1. Jahrhundert v.u.Z. mit nach Rom brachten. Besonders gepflegt wurde der Mithraskult in den Garnisonen. Kultstätten wurden nicht allein in Rom, sondern bis hinauf zu den Britischen Inseln gefunden, in Deutschland unter anderem in Osterburken (Baden-Württemberg) und in Heddernheim (heute ein Ortsteil von Frankfurt am Main).

Der letzte der Adoptivkaiser, Commodus (180–192), hielt sich für eine Mithras-Inkarnation, was erheblich zur Prägung des Begriffs Cäsarenwahn beitrug. Unter dem Kaiser Elagabal (218–222) verschmolzen Elemente des syrischen Baalkults mit dem des Mithras. Und 274 wurde Sol Invictus von Kaiser Aurelianus zum Reichsgott erklärt.

Der Mithraskult mit seinen sieben Weihegraden war ausschließlich Männern vorbehalten. Wer sie erreichen wollte, mußte sich von Stufe zu Stufe härter werdenden Prüfungen unterziehen (der Klingone Whorf vom Raumschiff »Enterprise« hätte seine helle Freude daran). An die Mitglieder wurden zudem hohe ethische Forderungen gestellt. Die geheimen Mithras-Feiern fanden in unterirdischen Kultstätten statt und wurden eindrucksvoll mit Licht- und Toneffekten untermalt (*Son et lumière* ist also nichts Neues am Mittelmeer). Am 25. Dezember wurde zu Ehren des Sol Invictus ein großes Fest mit Tempelfeiern, Zirkusrennen und Jubelfesten für alle Schichten der Bevölkerung abgehalten.

Die große Beliebtheit des Mithraskults war für das frühe Christentum eine ernsthafte Konkurrenz. Nicht allein die moralischen Ansprüche waren ähnlich, man hatte zudem mehrfach mit Überschneidungen beim Ritual zu kämpfen: Auch der Mithraskult kannte beispielsweise eine Form der Taufe und ein dem Abendmahl ähnliches eucharistisches Opfer. Die frühen christlichen Kirchenväter behaupteten deshalb kurzerhand – und ohne sich um irgendwelche historischen Beeinflussungen zu kümmern –, Satan (der übrigens auch mit dem Mithras-Gegenspieler Ahriman, ebenfalls ein Fürst der Finsternis, gleichgesetzt wurde) habe listenreich diese Ähnlichkeiten erfunden, um schwache Geister in die Irre zu führen. → Datum

Stern von Bethlehem: »Als Jesus ... geboren worden war, kamen Sterndeuter aus dem Osten nach Jerusalem und fragten: Wo ist der neugeborene König der Juden? Wir haben seinen Stern aufgehen sehen und sind gekommen, um ihm zu huldigen.« (Matthäus 2,1) Dieser plötzlich auftauchende Stern wird naturwissenschaftlich gelegentlich als Supernova, meist aber als → Komet gedeutet, und so wird er seit Jahrhunderten auch dargestellt. Ein besonders beliebter Kandidat dafür ist der Halleysche Komet, der dem Sonnensystem unter anderem im Jahr 12 v. u. Z. einen Besuch abstattete. Das sei vollkommen falsch, meint der österreichische Astronom Konradin Ferrari d'Occhieppo. Bei der Himmelserscheinung habe es sich vielmehr um die »große Konjunktion« gehandelt, eine extreme

Während Giotto di Bondone – er könnte kurz zuvor Halley gesehen haben – den Stern von Bethlehem überraschend realistisch als Komet darstellte (1305–1307, links oben), entspricht sein Strahlenfall im Stundenbuch des Duc de Berry (1413–1416, rechts unten) eher dem Zodiakallicht. Allerdings beruht diese Gerichtetheit vermutlich auf einer ikonographischen Konvention, nicht auf naturwissenschaftlicher Erkenntnis, obwohl Zodiakallicht mit bloßem Auge gut wahrzunehmen ist.

Annäherung von Saturn und Jupiter. Vermutet hatte das um 1615 bereits der Prager Hofastronom (und gebürtige Schwabe) Johannes Kepler (1571–1630).

Im British Museum entdeckte Ferrari d'Occhieppo Keilschrift-Tafeln von Marduk-Priestern (babylonischen Paläoastronomen), auf denen das Ereignis genauso beschrieben wird, wie es ihr moderner Kollege für den September-Nachthimmel des Jahres 7 v. u. Z. über Babylon und Bethlehem berechnet hat: Jupiter und Saturn schienen plötzlich zu verschmelzen, dann sich rückwärts zu bewegen und schließlich im Gegensatz zu den übrigen Sternen stehenzubleiben. Die Marduk-Priester zogen nach Jerusalem, weil Saturn ihnen als Stern der Juden galt; dort sahen sie die merkwürdige Erscheinung über der Straße nach Bethlehem stehen und einen Lichtkegel ausstrahlen. Bei diesem kann es sich um Zodiakallicht gehandelt haben, Streulicht an kosmischem Staub, das kegelförmig auf die Erde fällt, und genauso hat es Ferrari d'Occhieppo auch am 20. Januar 1941 beobachtet: »Am Himmel stand die große Konjunktion. Da sah ich, wie Zodiakallicht direkt vom Jupiter auf die Erde fiel. Ich wußte sofort: So könnte es damals gewesen sein.« → Heilige Drei Könige

20

Tannen: Nadelbäume der Gattung Abies, die bis zu 65 m hoch werden und ein Alter von 350–450 Jahren erreichen können. Ihr Verbreitungsgebiet ist die nördliche gemäßigte Zone. In Deutschland weitaus häufiger als die Weißtannen (*Abies alba*) sind die fälschlich als Rottannen bezeichneten Fichten (*Picea abies*), die meist nur 30–40 m hoch und 200 Jahre alt werden. Ihre Zapfen stehen nicht wie bei den Tannen, sondern hängen. Als Weihnachtsbäume haben sie allerdings den großen Nachteil, daß sie bereits nach drei Tagen zu nadeln beginnen – also praktisch in dem Moment, wo man sie aufstellt, wenn nicht schon früher. Nicht viel anders sieht das bei der Serbischen Fichte (*Picea omorika*) aus, die wenigstens den Vorteil hat, daß ihre Nadeln kaum pieksen. Das gilt auch für die Koreatanne, die nach einer Woche zu nadeln beginnt.

Dem Namen Fichte, der vom griechischen *peukedanos* (stechend, verwundend) abgeleitet ist, alle Ehre macht die aus Nordamerika stammende Blautanne (*Picea pungens*), die auch als Stechfichte bekannt ist. Ihr ordnete ein *stern*-Test den »Pieksfaktor aua!« zu. Ihre Nadeln beginnt sie nach acht bis zehn Tagen abzuwerfen. Mindestens zwei Wochen hält die gleichfalls ursprünglich in Nordamerika beheimatete Edeltanne oder Nobilis (*Picea glauca*), die den »Pieksfaktor null« hat und besonders gut zu dekorieren ist. Allerdings ist sie auch dreimal so teuer wie eine Rotfichte.

Tatsächlich eine Tanne ist die Nordmannstanne, deren Verbreitungsgebiet Rußland, Georgien und die Türkei war. Als Weihnachtsbäume werden sie heute vor allem in Dänemark angebaut. Besonders gut gewachsene Exemplare können bis zu 150 DM kosten. Sie halten ebenfalls mindestens zwei Wochen und pieksen nicht.

Rund 22 Millionen → Weihnachtsbäume werden pro Saison

allein in Deutschland verkauft. Zwischen sechs und zehn Jahren dauert es, bis sie zu Zimmergröße herangewachsen sind. Die meisten kommen aus heimischen Plantagen, ein Teil aus Skandinavien. Umweltschützer bevorzugen die Rotfichte, weil bei den ursprünglich nicht in Deutschland beheimateten Sorten zusätzliche Dünge- und Schädlingsbekämpfungsmittel nötig sind. Immer beliebter werden aus ähnlichen Gründen Kübelbäume (im Fachhandel als Koniferen bezeichnet). Doch nicht alle lassen sich problemlos auspflanzen: Edeltannen und Nordmannstannen wachsen nur selten wieder an, leichter geht das bei Blautannen, Koreatannen und Serbischen Fichten.

Na ja, nicht jeder hat einen Garten. Ein großer Vorteil bei Kübel-Weihnachtsbäumen ist aber ihre Standsicherheit. Das lästige und pieksintensive Einzwängen in den gußeisernen Ständer (der eine deutsche Erfindung aus dem Jahre 1866 ist) entfällt. Und auf alle Fälle gibt es bei ihnen nicht das Problem, daß sie zu schnell nadeln und am Neujahrstag beziehungsweise am 6. Januar – so lange müssen unsere Weihnachtsbäume im allgemeinen durchhalten – nur noch braune Gerippe übrig sind wie bei manchen ihrer Leidensgenossen aus Skandinavien, die schon sechs Wochen vor Weihnachten geschlagen wurden.

Völlig problemlos und beliebig oft wiederverwendbar sind künstliche Bäume. Allerdings sind sie, wie auch Kiefern, die »nadeltechnisch« am besten abschneiden, nicht jedermanns Geschmack. Für zimmerhohe Plastikbäume, die täuschend echt aussehen, muß man zudem etwa 180 DM bezahlen. Sicher reizvoller sind echte Ökobäume – selbst aus Zweigen und Stangen zusammengebunden oder vom Designer (für knapp 1500 DM) geliefert. Allerdings sind sie in den meisten Fällen nicht grün und sehen halt nicht so aus wie die in der Kindheit – an Weihnachten fällt es schwer, mit liebgewordenen Traditionen zu brechen.

Thermometer (von griech. *thermós*, warm, und *métron*, Maß): Dem allseits bekannten Gerät zur Ermittlung der Lufttemperatur gelten in diesen Wochen viele begehrliche Blicke: Autofahrer wollen wissen, ob es glatt werden könnte, und sehen die

Quecksilbersäule gern über 0 °C stehen; Skifahrer, Rodler und Winterurlauber wünschen sich sehnlichst das Gegenteil, blicken mit Bangen auf die Skala und summen beschwörend: *I'm dreaming of a white Christmas...* Petrus will es allen recht machen und serviert als faulen Kompromiß das jahreszeittypische Schmuddelwetter mit Temperaturen so um 0 °C beziehungsweise 32 °F beziehungsweise 273,16 °K.

Dieses Durcheinander bei den Temperatur-Maßangaben ist historisch gewachsen und vor allem für Physikschüler und USA-Touristen ausgesprochen lästig. Das erste brauchbare Thermometer baute der italienische Naturforscher Galileo Galilei (1564–1642): eine Glaskugel, die unten in ein langes, dünnes Glasrohr mündete. Die Kugel wurde erhitzt, das untere Rohrende in ein Wassergefäß gestellt. Die abkühlende und folglich sich zusammenziehende Luft in der Kugel saugte Wasser an, das dann als Säule im Glasrohr stand. Temperaturwechsel führten zu Veränderungen des Luftvolumens in der Glaskugel und damit zu einem relativ höheren beziehungsweise niedrigeren Wasserstand im Rohr. Die Methode war reichlich ungenau, vor allem weil der wechselnde äußere Luftdruck die Ergebnisse verfälschte, und es gab auch noch keine geeichte Skala.

Das Luftdruck-Problem löste Ferdinand de Medici, Großherzog der Toskana (1610–1670), der das erste vollständig geschlossene Thermometer baute. Gefüllt waren diese frühen Typen mit Wasser oder Alkohol. Doch Wasser verändert sein Volumen nicht sonderlich gleichmäßig, was zu Ungenauigkeiten führt, und →Alkohol hat für höhere Temperaturen einen zu niedrigen Siedepunkt.

Das erste Präzisionsgerät baute der deutsche Physiker Daniel G. Fahrenheit (1686–1736), der auf die Idee gekommen war, das Röhrchen mit Quecksilber zu füllen, welches sich über einen großen Temperaturbereich sehr gleichmäßig ausdehnt beziehungsweise zusammenzieht. Er entwickelte auch als erster eine standardisierte Skala: Die tiefste Temperatur, die er künstlich erzeugen konnte, nannte er 0°, der Taupunkt von Wasser liegt bei 32 °F, der Siedepunkt bei 212 °F. Diese

von Celsius auf Kelvin	von Kelvin auf Celsius
x °C = (273,16 + x) °K	x °K = (x – 273,16) °C
von Celsius auf Fahrenheit:	von Fahrenheit auf Celsius
x °C = (x · 1,8 + 32) °F	x °F = ([x – 32] : 1,8) °C

Temperatur-Umrechnungsformeln

Fahrenheit-Skala wird noch heute in englischsprachigen Ländern verwendet (in England selbst amtlicherseits nicht mehr).

Die uns vertrautere Einteilung mit 0 °C als Tau- und 100 °C als Siedepunkt stammt von dem schwedischen Astronom Anders Celsius (1701–1744). Ähnlich ging der französische Physiker René-Antoine Ferchault de Réaumur (1683–1757) vor, nur daß er die Differenz zwischen Tau- und Siedepunkt in 80 °R einteilte. Dieser Skala haben wir die Redewendung zu verdanken, jemand sei »auf achtzig«, koche mithin vor Wut.

Die Réaumur-Einteilung ist heute in Vergessenheit geraten, nicht jedoch die Kelvin-Skala von Sir William Thomson (1824–1907), der sich seit 1892 Lord Kelvin of Largs nennen durfte. Mit ihr arbeiten die Physiker in der Thermodynamik am liebsten, und auch die Farbe sichtbarer Lichtwellen wird als Farbtemperatur in °K angegeben. Die Gradschritte sind genausogroß wie bei der Celsius-Skala, nur die Bezugsgröße 0 °K wurde auf den absoluten Nullpunkt gelegt, die tiefste physikalisch mögliche Temperatur (–273,16 °C). Lady Kelvins Teewasser kochte also bei 373,16 °K.

Natürlich verfügen wir heute über noch viel mehr technische Möglichkeiten, Temperaturen zu messen. Bei den als Rundinstrumenten ausgeführten preiswerten kleinen Plastik-Zimmerthermometern beispielsweise ist der Zeiger an einer Spirale befestigt, die aus zwei verschiedenen, fest miteinander verbundenen Metallen zusammengesetzt ist. Sie sind so gewählt, daß sie sich bei gleicher Erwärmung unterschiedlich stark ausdehnen, und das führt dazu, daß die Spirale sich mehr oder weniger krümmt und der Zeiger sich mitdreht. Aufwendiger gebaute Bimetall-Thermometer werden für technisch-wissenschaftliche Zwecke eingesetzt, so zum Beispiel, mit einer Schreibvorrichtung gekoppelt, als Thermographen (Temperaturschreiber).

Noch eleganter, weil elektrisch, geht die Messung mit einem sogenannten Thermoelement: Lötet man zwei unterschiedliche Metalldrähte (zum Beispiel Kupfer und Eisen) an beiden Seiten zusammen und erwärmt die eine Lötstelle, während man die andere auf konstanter Temperatur hält, entsteht zwischen den beiden Stellen eine Spannung, die von der Größe der Temperaturdifferenz abhängig ist; sie läßt sich mit einem einfachen Voltmeter ermitteln.

Einen anderen Efekt machen sich die Widerstandsthermometer zunutze: Bei den meisten Metallen verändert sich mit der Temperatur auch die Leitfähigkeit für elektrischen Strom. Man nimmt also einen Meßwiderstand (meist aus Platin oder Nickel) und legt eine Hilfsspannung an. Je nach Temperatur fließt mehr (Kälte) oder weniger Strom (Wärme), dessen Stärke mit einem Spuleninstrument oder – heutzutage – digital dargestellt werden kann.

Als extremste bislang künstlich erzeugte Temperaturen gelten 1/1000 °K (also fast am absoluten Nullpunkt) und rund 50 000 000 °K und mehr (genau konnte das begreiflicherweise niemand messen) in explodierenden Atombomben. Die Temperatur im Inneren unserer Sonne beträgt dagegen, wiederum grob geschätzt, 10 000 000 bis 20 000 000 °K.

Ganz so heiß wird es auf der Erde nicht. Als höchste irdische Temperaturen wurden im Inneren von Wüsten über 50 °C gemessen; den Kälterekord hält die Antarktis mit rechnerisch bereits um den Windfaktor korrigierten –84,6 °C. Aufgrund der herrschenden Windstärke 4 betrug die effektive Temperatur zum fraglichen Zeitpunkt stolze –122 °C. Das hält ein Mensch im Freien gerade mal 5 min aus. → Erfrieren

Thermophilie (von griech. *thermós*, warm, und *phílos*, liebend): Allgemein die Eigenart bestimmter Spezies, warme Lebensräume aufzusuchen. Sie kann so stark ausgeprägt sein, daß man unter bestimmten jahreszeitlichen Bedingungen beispielsweise kein Exemplar von *Canis lupus forma familiaris* (Haushund) hinter dem *fornax* (Ofen) hervorlocken kann.

Der mitteleuropäische *Homo sapiens teutonicus* gehört dabei zu den paradox-wechselthermophilen Arten: Er frönt dieser Angewohnheit ausschließlich in der kalten Jahreszeit (etwa vom 1. Dezember an) sowie unerklärlicherweise im Sommer (der Wärmeperiode seines angestammten Habitats), wenn er für eine kurze Zeitspanne (lateinisch *feriae*) zwanghaft die noch heißeren Gefilde Südeuropas aufsucht.

Im engeren Sinn als thermophil bezeichnet man übrigens bestimmte Mikroorganismen, deren Temperaturoptimum bei über +40 °C und deren Temperaturmaximum bei +75 °C bis +80 °C liegt – was erstaunlich viel ist, weil dabei bestimmte Eiweiße, etwa das Eigelb des Hühnereis, schon gerinnen. Zu diesen Mikroorganismen gehören auch die, die unsere Gartenabfälle weiterverarbeiten. Die Innentemperatur eines gut funktionierenden Komposthaufens erreicht genau diese Größenordnungen, und der Vorteil ist, daß dabei schädliche Mikroorganismen wie beispielsweise Krankheitserreger abgetötet werden.

Da der *Homo sapiens* sich aber nur ungern in Komposthaufen aufhält, hat er Methoden der künstlichen Wärmeerzeugung entwickelt, welche bei steigendem Kohlendioxidausstoß in die Atmosphäre durchaus dazu führen könnten, daß irgendwann *nur noch* thermophile Spezies auf diesem Planeten überleben.

Tränen: Häufige Begleiterscheinung von sentimentalen Anwandlungen, die sich gerade in der Weihnachtszeit vermehrt einzustellen pflegen. Auslöser sind nostalgische Erinnerungen, kitschige saisonale Fernsehspiele und Kinofilme, Trennungsschmerz, Wiedersehensfreude und frustrierte wie erfolgreiche Harmoniebestrebungen oder auch schlichter Streß (beim grundlosen Drauflosheulen).

Gebildet werden die Tröpfchen in den Glandula lacrimalis, den zu den Kopfspeicheldrüsen zählenden tubulären Tränendrüsen im temporal oberen Teil der Orbita (Augenhöhle). Ihr Sekretionsprodukt, die Tränenflüssigkeit, besteht zum größten

Teil aus Wasser und Salz mit einem geringen Anteil von Proteinen (nur 10% von dem im Blutplasma). Sie wird über sechs bis zwölf Gänge in die obere Lidumschlagsfalte ausgeschüttet, überflutet dort zunächst den vorderen Teil des Bulbus oculi (Augapfel) und läuft dann bekanntlich über die Bucca (Wange) ab. Dem Überfluten des Augapfels kommt daneben noch eine Spülfunktion beim Eindringen von Fremdkörpern zu.

Menschen sind geborene Heulsusen: Wir sind die einzigen Primaten, die weinen können. Insofern sind unsere Tränen ein wichtiger Baustein der – allerdings umstrittenen – Wasseraffen-Theorie, die besagt, daß ein evolutionärer Vorfahr von uns überwiegend im Wasser gelebt und sich von Fisch und Schaltieren ernährt habe; die Tränen- wie die Schweißdrüsen hätten ursprünglich die Funktion gehabt, das mit dieser Art von Nahrung aufgenommene überschüssige Salz wieder aus dem Körper zu entfernen.

Der Tränenforscher Dr. William Frey hat kürzlich herausgefunden, daß sich gegenwärtig die Männer (»Große Jungs heulen nicht!«) auf diesem Gebiet mächtig emanzipieren und, was die Häufigkeit des Weinens angeht, immer mehr zu den Frauen aufschließen. Übrigens: summa summarum heulen die Deutschen im Jahresmittel täglich (!) 40 Badewannen voll. Im Advent vermutlich einige mehr.

Trichotillomanie: Zwanghaftes Ausreißen von Kopf- und Barthaaren. Gilt als psychische Störung und schwache Form der Autoaggression beziehungsweise Automutilation (Selbstverstümmelung). Tritt auf bei Schwachsinnigen, verhaltensgestörten Kindern, selten bei Schizophrenen und überaus häufig bei allen, die am 20. Dezember noch immer nicht wissen, was sie ihren Lieben denn schenken sollen (→ Geschenkestreß). Ferner auch bei adventsverkehrsgeschädigten Kfz-Führerinnen und -Führern, in letzterem Fall gepaart mit der zwanghaften, stereotypen Wiederholung der Frage: »Wo hab' ich nur das Auto geparkt? Wo hab' ich nur …«

21

***U*nbefleckte Empfängnis**: Am 8. Dezember 1854 verkündete Papst Pius IX. nach 1423 Jahren dogmatisch geprägter Debatten (seit dem Konzil von Ephesos 431 nämlich), daß → Maria »durch eine besondere Gnade, mit Blick auf die Verdienste Christi Jesu, des Erlösers des Menschengeschlechts, vor jedem Makel der Erbsünde bewahrt blieb«. Was heißen sollte, daß Maria von Anna, ihrer Mutter, ohne »Erbsünde« empfangen wurde. Wie auch immer das gehen soll – Biologie ist nicht gerade eine Stärke des Vatikans –, die Mutter des Herrn hatte in jeder Hinsicht makellos rein zu sein.

Viele Laien verwechseln den Ausdruck aber gern mit der Art und Weise, wie Maria – schließlich trägt sie den Ehrentitel »Jungfrau« – ihrerseits Jesus empfangen haben soll: ohne sexuelle Penetration und/oder Insemination nämlich, was wissenschaftlich betrachtet kaum möglich sein dürfte. Allerdings können sich die Gläubigen darauf berufen, daß es bei Matthäus (1,18) klipp und klar heißt: »... noch bevor sie [Maria und → Joseph, ihr Verlobter] zusammengekommen waren [das heißt miteinander Geschlechtsverkehr gehabt hatten], zeigte sich, daß sie ein Kind erwartete.«

Weshalb der theologisch wenig gefestigte, aber wissenschaftlich aufgeklärte Volksmund sich die Geschichte ausdachte, wie eben jener Pius stirbt und zu seiner allergrößten Verwunderung von Petrus an der Himmelspforte abgewiesen wird. Nach den Gründen befragt, antwortet Petrus: »Ja, weißt du, ich hab' drinnen mal 'rumgefragt, ob jemand was gegen dich vorzubringen hätte, und der Heilige Geist hat gemeint: ›Ja klar, das ist doch der Kerl, der die Lüge über Maria und mich verbreitet hat!‹«

Dabei gibt es in der Natur tatsächlich so etwas wie eine Jungfernzeugung. (Das ist ein ziemlich verunglückter Ausdruck, denn es geht ja nicht darum, daß Jungfern gezeugt werden oder gar selber zeugen, sondern ohne Befruchtung Nachwuchs bekommen. Nehmen wir also den wissenschaftlichen Begriff Parthenogenese.) Von erstaunlich vielen Arten ist bekannt, daß sie die Fähigkeit entwickelt haben, unbefruchtete Eizellen zur Zellteilung und damit zur Ausbildung eines neuen Angehörigen der Spezies anzuregen, beispielsweise Asseln, Blattläuse, Blasenfüßler, einige Krebse, Milben, Rädertierchen, Wasserflöhe und alle Hautflügler (Wespen, Ameisen, Bienen). Man unterscheidet dabei zwischen einer fakultativen Parthenogenese, bei der die Spezies alternierend beide Formen der Fortpflanzung nutzt, und der obligatorischen, die grundsätzlich nur so erfolgt.

Bei den Bienen, Hummeln und Wespen dient die sogenannte gamophasische Parthenogenese zugleich der Geschlechtsbestimmung: Aus befruchteten Eizellen wachsen Weibchen heran, aus unbefruchteten mit einem halben Chromosomensatz entwickeln sich die Männchen (die bei diesen Arten ohnehin keine sonderliche Rolle spielen, man braucht sie nur zur Zeugung der nächsten Weibchengeneration, ansonsten findet man sie eher lästig). Die Erzwespen (Gattung Trichogramma) haben sogar einen Weg gefunden, ganz ohne Sex auszukommen; unter gewissen Umständen (Menno Schilthuizen und Richard Stouthamer von der Universität Wageningen, Niederlande, haben ein bestimmtes Bakterium in Verdacht) entwickeln sich bei ihnen Eizellen mit einem kompletten Chromosomensatz, aus denen Weibchen werden.

Beim *Homo sapiens* ist, wie bei allen Säugetieren, allerdings keinerlei Form von Parthenogenese wissenschaftlich verbürgt, und auch in vorwissenschaftlicher Zeit konnten junge Frauen, die etwas anderes behaupteten (»Vater, ich schwöre, ich habe nie und nimmer, kein einziges Mal ...«), kaum damit rechnen, daß man ihnen Glauben schenken würde. Das einzige, was sich beim Menschen parthenogenetisch ausbilden kann, sind Teratome (geschwulstartige Mißbildungen).

Schlechte Aussichten also für Marias wissenschaftliche Glaubwürdigkeit? Keineswegs, wie vor nicht allzu langer Zeit

Genetiker in Schottland bewiesen haben (wenn ihr Bericht korrekt war, einige Kollegen äußerten Zweifel). Sie entnahmen einer Euterzelle eines Schafs den Zellkern (der die komplette Erbinformation enthält), pflanzten diesen einer zuvor entkernten Eizelle ein, regten sie in der Retorte elektrisch zur Teilung an (normalerweise löst die eingedrungene Samenzelle diesen Prozeß aus), warteten, bis nach fünfmaliger Teilung ein Verbund von 32 Einzelzellen vorlag, pflanzten diesen in den Uterus eines Leihmutterschafs und ließen den Fetus von jener austragen. Das Lamm bekam den Namen Dolly.

Mit dieser technischen Lösung für die Frage der Unbefleckten Empfängnis haben wir, wie so oft in der Wissenschaft, allerdings gleich wieder ein neues Problem aufgeworfen: Bei dem beschriebenen gentechnischen Verfahren entsteht ein Klon, also eine hundertprozentige Kopie der Mutter – und Jesus hätte eine Jesa sein müssen. Wär' ja nicht so schlimm, witzeln amerikanische Frauenrechtlerinnen doch ohnehin: »When God created man, she was only joking.«

Unpäßlichkeit, weihnachtliche: Diverse unerwartet auftretende körperliche Beschwerden mit diffusem, aber leicht besorgniserregendem Krankheitsbild, vorwiegend an inneren Organen, also beispielsweise Herzstechen, -pochen, -jagen, Leber-, Gallen- oder Nierenschmerzen, Übelkeit, Schwindelgefühle oder multiple Kreislaufkapriolen. Befallen werden ausschließlich Familienmitglieder (am häufigsten Großmütter), denen es eigentlich nicht paßt, daß die anderen Familienmitglieder einen wohlverdienten Weihnachtsurlaub antreten und sie zurücklassen wollen. Nach Aufgabe der Reisepläne klingen die Symptome meist rasch wieder ab.

Unsinn: Gelegentliche Begleiterscheinung von ansonsten sachlich zutreffenden kleinen wissenschaftlichen Adventsbegleitern, wird meist in humoristischer Absicht appliziert.

22

Volkszählung: Früher nicht die Erfassung sämtlicher Häupter eines Landes, sondern die Auflistung aller wahlberechtigten beziehungsweise steuerpflichtigen (männlichen) Bürger, was unter anderem bereits im alten China, Ägypten und bei den Griechen praktiziert wurde. Ihre Einführung in Rom wird Servius Tullius zugeschrieben, dem sechsten jener sagenhaften sieben Könige, die Rom zwischen 753 und 510 v. u. Z. beherrscht haben sollen. (Allerdings ist weder ihre Regierungszeit gesichert, noch, welche von ihnen tatsächlich lebten. Und auch die Zahlen sind Näherungswerte. Der Spruch »Sieben-fünf-drei, Rom kroch aus dem Ei«, den heute jedes Schulkind lernt, basiert auf einer Berechnung des Gelehrten Marcus Terentius Varro, der ein Zeitgenosse von Caesar war.) Falls Servius Tullius tatsächlich römischer König war, müßte die Volkszählung von ihm irgendwann im 6. Jahrhundert v. u. Z. begonnen worden sein. Unwahrscheinlich ist dieser frühe Zeitpunkt aber nicht, denn es ging dabei um die Festlegung von Steuern und Wehrpflicht.

In diesen Census genannten Listen wurden die männlichen Bürger Roms nach Stämmen (Tribus) erfaßt und in fünf Vermögensklassen eingeteilt. Zudem wurde jeweils zwischen *iuniores* und *seniores* (alle, die über 45 Jahre alt und gewöhnlich nicht mehr wehrpflichtig waren) unterschieden. Zu zahlen waren eine Grund- und eine Kopfsteuer, als Geldbetrag oder in Naturalien. Ab 367/366 v. u. Z. unterstand die Steuerfestlegung zwei gewählten Zensoren. Zahlen sind aus dem Jahr 225 v. u. Z. bekannt, als Kelten Rom bedrohten: Damals lebten rund 875 400 erwachsene Männer auf der Apenninenhalbinsel, von denen 300 000 Römer waren.

Bis 167 v. u. Z. hatte die Republik durch ihre Eroberung genug Reichtümer angehäuft, um die Grundbesitzsteuer den in

GERMANIA
INF.
GERMANIA
LUGDUNENSIS
BELGICA
GALLIA
RAETIA
NORICUM
PANNONIA
REGNUM BOSPORI
AQUITANIA
ILLYRICUM
NARBONENSIS
DALMATIA
MOESIA
TARRACONENSIS
BITHYNIA
ET PONTUS
ARMENIA
CAPPADOCIA
LUSITANIA
CORSICA
ITALIA
MACEDONIA
GALATIA
REGNUM
PARTHORUM
ASIA
SARDINIA
BAETICA
SYRIA
ACHAEA
SICILIA
CYPRUS
MAURETANIA
NUMIDIA
JUDAEA
AFRICA
CYRENE
AEGYPTUS

Italien lebenden Römern erlassen zu können. In den Provinzen wurde sie allerdings weiter erhoben, auch von jenen, die römische Bürger waren. Augustus belebte den Census wieder und führte ihn auch in den Provinzen ein. (»In jenen Tagen [kurz vor Jesu Geburt] erließ Kaiser Augustus den Befehl, alle Bewohner des Reiches in Steuerlisten einzutragen«, heißt es bei Lukas 2,1.) Die Privilegien der »italienischen« Römer tastete er dabei nicht an, führte allerdings eine neue fünfprozentige Erbschaftssteuer im gesamten Reich ein. Zudem wurden von wohlhabenden Bürgern immer »freiwillige« Zuwendungen an den Staat erwartet (bei den Griechen *leiturgia*, der dem Gemeinwohl geleistete Dienst – wovon auch unser Wort Liturgie herkommt –, bei den Römern *munera* genannt), die gegen Ende des Weströmischen Reichs eine starke Belastung bildeten und erzwungen werden mußten.

Bedeutsam an der augustäischen Reform war, daß damit der Willkür der Steuerpächter Einhalt geboten wurde, die zu mehreren Aufständen, unter anderem 88 v. u. Z. in der Provinz Asia, geführt hatten. Doch beliebt war der Zensus in den Provinzen nicht. In Palästina, das seit 63 v. u. Z. der Provinz Syrien assoziiert war, wehrten sich vor allem die strenggläubigen Zeloten dagegen, dem römischen Kaiser Tribut zu zollen. Ihr Aufstand 66–70 u. Z. führte schließlich zur Eroberung von Jerusalem und zur Zerstörung des Tempels. Für die Bibelforschung sind die Volkszählungen wichtig, weil sie die Einbindung der im Neuen Testament geschilderten Ereignisse in die römische Chronologie ermöglichen (→ Datum).

Im Mittelalter waren Volkszählungen die Sache einzelner Städte (beispielsweise Nürnberg 1449), systematisiert haben sie natürlich die Preußen. Sie führten 1686 eine jährliche Zählung der Landbevölkerung ein und veranstalteten 1725 die

Links: das Römische Imperium zur Zeitenwende. Natürlich konnte so ein Weltreich nur mit erheblichem bürokratischen Aufwand beherrscht und verwaltet werden; finanziert wurde dieser unter anderem mit Steuereinnahmen, und die damaligen Volkszählungen dienten in erster Linie dazu, alle Steuerpflichtigen zu erfassen.

erste allgemeine Zählung. Für Österreich ahmte das erstmals Maria Theresia nach, während die Schweizer sich dem weitgehend widersetzten und vor dem 19. Jahrhundert nur Volkszählungen in einzelnen Kantonen abhielten. Mit dem Internationalen Statistischen Kongreß 1853 wurden die Verfahren zur Volkszählung weiter vervollkommnet. Den Vogel an Datenerfassungswut abgeschossen hat dann die Bundesrepublik Deutschland, deren Pläne für den gläsernen Bürger 1983 erst vom Verfassungsgericht gestoppt und auf ein erträgliches Maß gestutzt werden konnten.

Völlegefühl: Die meist zutreffende Empfindung, der Magen-Darm-Trakt habe seine Kapazitätsgrenzen erreicht. Häufige Begleit- oder Folgeerscheinung des → Festmahls oder einer → Hyperorexie beziehungsweise genereller → Polyphagie. Obwohl die Beschwerden aufgrund ihrer Genese ganz von selbst abklingen, wird das Völlegefühl gern als Vorwand für eine Selbstmedikation genommen (»Hast'n Schnaps da?«), die nicht ohne Risiken ist (→ Alkohol).

23

Weihnachtsbaum: Wer zuerst auf die Idee kam, mitten im Winter immergrüne Zweige ins Haus zu holen, verliert sich im Dunkel der Geschichte. Wie alle Bäume galten auch Nadelgehölze schon früh als Fruchtbarkeitssymbole. Mit ihnen wurde das Haus zum Neujahrstag (der eine Zeitlang der 25. Dezember war) geschmückt. Ein christliches Weihnachtssymbol waren sie allerdings zunächst nicht, weshalb Sebastian Brant 1494 in seinem »Narrenschiff« (ein moralinsaures Traktat gegen nahezu alles, was unchristlich ist, aber Spaß macht) das Aufstecken von Tannenzweigen als abergläubische Segenserwartung verdammte.

Sonderlich folgenreich war die Mahnung offenbar nicht, weitere Zeugnisse für das Einholen von »Weihnachts-Maien« gibt es im alemannischen Raum bereits zu Beginn des 16. Jahrhunderts. Ein Erlaß der Stadt Ammerschwihr von 1561 legte fest, wie groß die Bäume sein durften.

Im 16. Jahrhundert begannen dann vor allem die Zünfte damit, geschmückte Bäume im Innern ihrer Häuser aufzustellen (→ Christbaumschmuck). Der »private« Weihnachtsbaum war ursprünglich wohl eher eine Angelegenheit des Adels (→ Buchsbaum), aber spätestens Mitte des 18. Jahrhunderts kannte man, wie eine Erinnerung des jungen Werther belegt, ihn auch beim Bürgertum, vor allem in den Städten der protestantischen Gebiete. Im 19. Jahrhundert war er schließlich überall im deutschsprachigen Raum verbreitet und hatte auch die Grenzen überschritten: Um 1820 erreichte er die Prager Paläste sowie die Herrscherhäuser in Dänemark, Norwegen und Rußland. Auf die Britischen Inseln brachte ihn Mitte des Jahrhunderts Prinz Albert, der deutsche Ehemann von Queen Victoria. Und auch nach Nordamerika gelangte er nun.

Die katholische Kirche akzeptierte ihn eher zögerlich. Noch

1896 geißelte ein katholischer Pfarrer den Protestantismus als »Tannenbaum-Religion«, was seltsam ist, weil der Katholizismus ansonsten nichts gegen pompöse Prachtentfaltung einzuwenden hat. Erst der Autoritäts- und Machtverlust der Kirchen im 20. Jahrhundert ließ die Gegensätze zwischen den Konfessionen verschwinden: Der geschmückte Baum wurde ökumenisch.

Heute kennt man den Christbaum nahezu überall, wo Weihnachten gefeiert wird. Doch anders als es das berühmte Lied nahelegt, dessen erste Strophe bereits 1820 bekannt war, handelt es sich in den wenigsten Fällen tatsächlich um → Tannen.

Weihnachtskarten: Als erste richtige Weihnachtskarte gilt die, die der Engländer Sir Henry Cole 1843 von dem Maler John Calcott Horsley entwerfen, in einer Auflage von 1000 Stück drucken ließ und mit den seit Mai 1840 in England ausgegebenen aufklebbaren Briefmarken verschickte. Die Karte war dreiteilig und zeigte in der Mitte eine Familie, die dem Empfänger zuprostete, und auf den Seitenteilen eine Armenspeisung sowie die Verteilung von Gaben an Bedürftige.

Gut zehn Jahre später griff der Amerikaner Louis Pang in Rocksbury, Massachusetts, die Idee auf. Seine Karten wurden nicht mehr handkoloriert, sondern in einem aufwendigen Verfahren farbig gedruckt. Obwohl er seine Weihnachtskarten auch nach Europa exportierte, blieben diese Weihnachtsgrüße zunächst eine recht exklusive Angelegenheit, weil das Porto ziemlich teuer war. Das änderte sich erst, als Österreich-Ungarn 1869 die Postkarte einführte, die schon bald von den anderen Ländern übernommen wurde. Damit ließ auch die Ansichtskarte nicht mehr lange auf sich warten.

In Sachen Weihnachtskarten hinkte Deutschland allerdings einigermaßen hinterher. Seit 1872 wurden zwar in Hamburg Neujahrskarten gedruckt, aber Karten zu Weihnachten fanden erst nach 1895 hier Abnehmer. Ihren Siegeszug traten sie von den USA und England aus an. Bereits 1883 sollen die Mehreinnahmen, die die Weihnachtsgrüße der englischen Post bescherten, 58 000 Pfund betragen haben. Um die Jahrhundertwende wurden die Karten immer kunstvoller – nicht unwesentlich beteiligt daran war der Ansichtskartenmogul Joel B. Hall aus Kansas City –, und seither dürfen sie in keinem englischsprachigen Haushalt fehlen. Sie zieren den Kaminsims oder werden in eigens dafür angebotene Halter gesteckt und sind ein deutlich sichtbarer Gradmesser für die Beliebtheit der Empfänger. Deshalb ist es wichtig, sie so früh wie möglich zu bekommen, am besten Anfang Dezember und nicht erst, wie im deutschsprachigen Raum, erst direkt zum Fest (was gelegentlich beim Weihnachtskartenaustausch zwischen den beiden Sprachräumen zu gewissen Ungleichzeitigkeiten führt).

Von Anfang an zierten die Karten weniger Motive zur Geburt Christi, sondern solche zum gesellschaftlichen Anlaß, etwa Ball-, Familien- und Bescherungsszenen. Auch der säkulare Weihnachtsmann mit rotem Mantel, langem weißen Bart und pelzbesetzter Zipfelmütze eroberte sie bald: Halls Kartenentwerfer kupferten schon 1863 den bayrisch inspirierten → Santa Claus des Thomas Nast ab. Immer auch waren die Weihnachtskarten Spiegel der gesellschaftlichen Themen und Moden: Um die Jahrhundertwende gab es den telefonierenden Santa Claus, später Mickymäuse, im Dritten Reich natürlich Hakenkreuze und während der Weltkriege Frontszenen und Durchhalteparolen. Die Kombination von Weihnachts- und Neujahrswünschen bestimmt die Karten seit Mitte unseres Jahrhunderts.

In den USA werden in der Weihnachtszeit – die heute politisch korrekt als *holiday season* (Feiertags-Saison) bezeichnet wird – noch zwei weitere Feste gefeiert, *Hanukkah*, das jüdische Lichterfest, und das an die afrikanischen Wurzeln vieler Amerikaner erinnernde *Kwanzaa*. Wer also nicht aufgrund einer akribischen Recherche je nach religiöser beziehungsweise ethnischer Zugehörigkeit des Empfängers drei verschiedene Kartentypen versenden will (wobei laufend die Gefahr von Verwechselungen droht), greift zur heutigen amerikanischen Einheitskarte, auf der ganz unsentimental *Season's Greetings* (Saisonale Grüße) steht.

Weihnachtsmann: Im heutigen deutschen Sprachraum der am weitesten verbreitete → Gabenbringer. In Gestalt, Gewandung und Gesichtszügen ähnelt er seinem historischen Vorläufer, dem → Nikolaus. Wie dieser hat er nebenbei die pädagogische Aufgabe, durch Androhung von Gabenentzug kindliches Wohlverhalten durchzusetzen sowie die mnemotechnischen – gepaart eventuell mit den musikalischen – Fähigkeiten der zu Beschenkenden zu prüfen. Sein Fortbewegungs- und Transportmittel ist ein luftfahrtkompatibler, von → Rentieren gezogener Schlitten. Das Ausweichen dieses Kufenfahrzeugs auf den Luftweg läßt sich wohl am besten mit dem an den Weihnachtstagen in unseren Breiten häufigen Schneemangel erklären.

Einst herrschte die Vorstellung, der Weihnachtsmann sei zugleich der Chef einer groß aufgezogenen Geschenkeproduktion mit (wahlweise) Engeln oder Heinzelmännchen als saisonal Werktätigen; sie kann sich aber heute bei den imagebewußten lieben Kleinen nicht mehr so recht durchsetzen, ist ihnen doch klar, daß er sich ja der Markenpiraterie schuldig machen müßte, wenn es sie nach Nikes, Sonys, Barbies und so weiter verlangt.

Wohnen soll der Weihnachtsmann nach überwiegender Lehrmeinung am Nordpol. Mindestens aber muß es der Polarkreis sein. So haben gleich mehrere skandinavische Gemeinden den Anspruch angemeldet, seine Heimat zu sein. Die Finnen lokalisieren ihren »Joulupukki« in Rovaniemi in Lappland, wo er ganzjährig für Touristen Audienzen abhält. Sein norwegischer Kollege logiert im Nissedal in der Telemark, hat aber einen Konkurrenten im Julehus zu Drøbak am Oslofjord. In Schweden, wo er Tomte heißt, wohnt er im Tomtelandet in Mora am Siljansee – einem modernen Freizeitpark. Und der dänische Weihnachtsmann lebt, seit 1991 amtlich gemeldet, in Nuuk auf Grönland. Dieser wurde inzwischen von den 200 Teilnehmern des alljährlichen internationalen Kopenhagener Weihnachtsmannkongresses als Ober-Weihnachtsmann anerkannt.

Die Deutschen siedeln ihren Weihnachtsmann – analog zu seiner Kollegin, dem Christkind – auch gern im Himmel an und lassen ihn gelegentlich sogar in Petrus' Pförtnerhaus wohnen. Und so erhalten die Postämter von Himmelreich bei Kirchzarten im Schwarzwald und von Himmelreich bei Neustadt am Rübenberge alljährlich jede Menge Post mit Wunschzetteln. Und natürlich auch das der Gemeinde Christkind in Österreich.

Alles Humbug, meinen amerikanische Wissenschaftler, die über das Internet den logisch-deduktiven Beweis verbreiten, daß es gar keinen Weihnachtsmann gibt: Bei 91,8 Mio. christlichen Haushalten mit Kindern müßte er in den 31 Stunden, die ihm maximal zur Verfügung stehen, wenn er den Zeitzonenvorteil ausnutzt, 822,5 Besuche pro Sekunde machen. Da er geschätzte 122,4 Mio. km zurücklegen muß, betrüge seine Reisegeschwindigkeit rund 1097,6 km/s – mehr als die dreitausendfache Schallgeschwindigkeit also. Das schafft kein Rentier, acht oder neun ebenfalls nicht. Der Weihnachtsmann hielte das auch keineswegs aus, würde er doch beim abrupten Losfliegen mit siebzehntausendfacher Erdbeschleunigung vom Kutschbock gerissen, und das 822,5 mal pro Sekunde. Das Gesamtgewicht der Geschenkefuhre berechneten die Wissenschaftler auf 353 400 t (einschließlich der zum Ziehen nötigen 214 200 Rentiere). Eine solche Masse erhitzt sich wegen des Luftwiderstands beim Beschleunigen auf über dreitausendfache Schallgeschwindigkeit so sehr, daß sie in Ermangelung eines Hitzeschutzschilds à la Space Shuttle in einem gewaltigen Feuerball verglühen müßte. Logische Schlußfolgerung: Es *kann* ihn gar nicht geben, den Weihnachtsmann.

Weihnachtsstern: → Poinsettie

Weihrauch: Der getrocknete Wundsaft von Boswellia-Bäumen, der in Südarabien und Somalia gewonnen und in Form von Harzkörnern (Olibanum) angeboten wird. Der Weihrauch, der heute in der katholischen Kirche verwendet wird, ist eine Mischung aus Olibanum, → Myrrhe, Benzoe, Storax und Tolu-Balsam sowie getrockneten Pflanzenprodukten wie Zimtrinde und Lavendelblüten.

In das christliche Ritual eingeführt wurde das Verbrennen von Weihrauch erst unter Konstantin dem Großen (306–337), bis zum 5. Jahrhundert hatte er sich dann als Symbol für das Gebet eingebürgert, doch seine kultische Verwendung hat eine viel ältere Tradition. Bereits im 4. und 5. Jahrtausend v. u. Z. wurde Weihrauch im Vorderen Orient zu Ehren der Götter geopfert und war daher eine begehrte Handelsware. Die Weihrauchstraße von Südarabien war die älteste Handelsstraße zum Mittelmeer.

In Ägypten war der Weihrauch besonders gefragt, denn hier wurde er nicht nur beim Kult, sondern auch zum Einbalsamieren und in der Medizin verwendet. Deshalb unternahm man im 15. Jahrhundert v. u. Z. den Versuch, den Baum in Ägypten heimisch werden zu lassen. Initiatorin war Hatschepsut, eine der interessantesten Figuren, die je auf dem Pharaonenthron saßen. Nachdem ihr Mann früh gestorben war und sie selbst nur eine Tochter hatte, wurde am 28. 4. 1479 v. u. Z. (eines der ganz wenigen Daten der ägyptischen Chronologie, über das bei den Fachleuten derzeit weitgehend Einigkeit herrscht) ihr minderjähriger Stiefsohn als Thutmosis III. inthronisiert. Entsprechend den ägyptischen Gepflogenheiten übernahm sie für ihn die Regentschaft. Doch nach zwei Jahren war ihr das Wirken im Hintergrund zu wenig, und sie bestieg selbst den Thron als Pharao (genau in dieser männlichen Form, und auf Darstellungen taucht sie gleichfalls mit männlichen Attributen auf). In den nächsten fast 22 Jahren war Thutmosis nur noch Mitregent, erst Ende 1458 v. u. Z. wurde er Alleinherrscher. Ob Hatschepsut eines natürlichen Todes starb oder ermordet wurde, ist nicht bekannt. Aber das Verhältnis der beiden muß ziemlich spannungsgeladen gewesen sein, denn Thutmosis ließ an sämtlichen Tempelbauten in Karnak, die sie hatte bauen lassen, ihren Namen wieder herausmeißeln.

Hatschepsuts Regierungszeit war für Ägypten eine friedliche und prosperierende Periode. Sie führte keine Kriege (auch das scheint Thutmosis wenig gepaßt zu haben, sofort nach dem Ende ihrer Herrschaft begab er sich auf Eroberungszüge), sondern mehrte den Wohlstand durch einen ausgedehnten Handel.

Um 1470 v. u. Z. schickte sie eine Handelsexpedition in das ferne Weihrauchland Punt. Fünf Schiffe wurden durch die Wüste ans Rote Meer (beim heutigen El Kusair) gebracht und segelten hinunter in den Indischen Ozean. Wie weit sie nach Süden vordrangen, ist umstritten, höchstwahrscheinlich umrundeten sie das Horn von Afrika und legten dann im südlichen Somalia an (da die Reise fast eineinhalb Jahre dauerte, gehen manche Forscher davon aus, daß sie sogar bis südlich des Sambesi kamen). Dort tauschten sie ägyptische Waren (Waffen, Schmuck, Keramik) gegen Ebenholz, Harze, Elfenbein, Silber, Gold und Antimon ein. Mit zurück kamen außerdem einige Familien aus Punt, »langschwänzige« Affen, ein lebender Panther und mehrere Weihrauchbäume in Tragekörben.

Diese Expedition nach Punt war wahrscheinlich nicht die erste ihrer Art, aber sie ist die berühmteste, denn sie wurde mit geradezu kinematographischer Genauigkeit in Hatschepsuts Totentempel in Dêr el-Bahri (Theben-West) festgehalten. Dank der akribischen Detailtreue kann man sogar erkennen, daß die Herrscherin von Punt an progressiver Muskeldystrophie gelitten haben muß.

Die Reise nach Punt war ein voller Erfolg – alle fünf Schiffe kamen wohlbehalten zurück –, doch dem eigenen ägyptischen Weihrauchanbau war offenbar keine längere Dauer beschieden. Somalia wie Arabien haben ihre führende Stellung bis heute nicht verloren.

Winterdepression: Jahreszeitliche affektive Verstimmung, die von einer übermäßigen oder zu langen Ausschüttung des sogenannten Schlafhormons Melatonin in der Zirbeldrüse ausgelöst wird. Diese Ausschüttung wird durch den Lichteinfall auf die Netzhaut und weiter über komplexe Prozesse im Gangliensystem gesteuert, so daß es bei Lichtmangel im Winter leicht zur Überdosierung kommen kann. Ob Melatonin, das an zahlreichen Hirnstrukturen andockt, tatsächlich für das Schlafverhalten verantwortlich ist, gilt als wissenschaftlich noch umstritten. Auf jeden Fall ist der Melatoninpegel mit den circadianen Rhythmen synchronisiert, und Störungen dieses Zusammenspiels führen bei Interkontinentalflügen zum gefürchteten Jet-lag. Melatonin steuert auch das jahreszeitliche Verhalten von Säugetieren, und bei bestimmten Arten wie beispielsweise Hamstern reguliert es offensichtlich auch den Fortpflanzungsrhythmus. Beim ganzjährig sexuell aktiven *Homo sapiens* ist das anscheinend nicht der Fall. Die Möglichkeit einer durch Winterdepression ausgelösten Abnahme der Kohabitationsfrequenz näher zu untersuchen hat die Medizin, soweit das der Literatur zu entnehmen ist, bislang offensichtlich versäumt.

Zur Linderung der Winterdepression (wie auch des Jet-lags) hat sich heute die Lichttherapie durchgesetzt. In Frage kommen neben Bestrahlungen mit künstlichen Lichtquellen vor allem ausgedehnte Weihnachtsurlaube auf den Kanarischen Inseln, besser noch in der Karibik. Diese Behandlungsformen werden jedoch leider nicht von den Krankenkassen bezahlt.

Woche: Maximal vier Wochen à sieben Tage dauert der Advent bekanntlich, und diese Unterteilung erscheint uns irgendwie natürlich, denn sie entspricht am ehesten den vier leicht zu beobachtenden Mondphasen. Vom ersten Sichtbarwerden der Mondsichel bis zum Halbmond dauert es sieben Tage, sieben weitere bis zum Vollmond und so weiter. Und moderne Forschungen zum Biorhythmus haben bestätigt, daß dieser Zyklus sich nicht nur auf den Menschen und andere höhere Tiere, sondern sogar noch auf Austern und bestimmte Algen auswirkt.

Offenbar bestand schon immer das Bedürfnis, die nach den Tagen kürzeste Kalenderperiode in regelmäßige Abschnitte einzuteilen. Aber wie bei allen am Sonnenjahr orientierten → Kalendern ist es auch bei unserem Gregorianischen nie gelungen, die Wochen ohne Rest einzubinden. Trotzdem ist ein Zeitraum um sieben Tage am verbreitetsten. Allerdings gab es Kulturen, die mit unterschiedlich langen Wochen operierten, auch wenn sie eher Ausnahmen waren. Einige kannten erheblich kürzere (mit drei oder vier Tagen etwa bei den Bantu in Angola) oder längere Wochen (mit 16 Tagen bei den westafrikanischen Yoruba). Im alten Mittelamerika gab es auch 20-Tage-Zyklen, die nicht weiter unterteilt waren.

Die Griechen kannten unter anderem die Dekade, die Römer eine Marktwoche, bei der jeweils der achte Tag (nach römischem Sprachgebrauch aber Nundinae, 9. Tag, genannt – die spinnen, die Römer) der Ruhetag für die Bauern war, an dem sie zum Markt nach Rom kamen. Die Bezeichnungen für die Wochentage waren dabei ganz prosaisch, sie hatten die Buchstaben A bis H. Die Sieben-Tage-Woche verdanken die Römer den Juden, die sie bereits im 2. Jahrtausend v. u. Z. kannten. (Allerdings ist das Alte Testament keineswegs die erste Quelle für eine Sieben-Tage-Woche: Bereits das altbabylonische Weltschöpfungsepos nennt sie.) Unter Konstantin dem Großen wurde sie 321 u. Z. im Römischen Reich Gesetz und mit der römischen Kirche in ganz Europa verbreitet.

Seit 1976 gilt in der internationalen Geschäftswelt der Montag und nicht mehr der Sonntag als erster Tag der Woche. Was sich aber bis zu den Schwaben noch nicht herumgesprochen zu haben scheint, denn dort wurde noch vor wenigen Jahren vergeblich der Richter bemüht, um den Kehrwochenrhythmus anzupassen, damit man im Winter nicht gleich an zwei aufeinanderfolgenden Wochenenden ans Haus gefesselt ist, um etwaigen Schneeräumpflichten nachzukommen.

Ebenso fehlgeschlagen sind bislang Versuche, einen ewigen Kalender einzuführen, bei dem der Wochentag für ein bestimmtes Datum nie wechselt. Das wäre einfach: Jedes Vierteljahr hätte 91 Tage mit 3 Monaten à 31, 30 und 30 Tagen, der 365. Tag würde nach dem 30. 12. (den 31.12. gäbe es nicht mehr) als Welttag ohne eigene Datierung zugefügt, in Schaltjahren ein weiterer nach dem 30. 6. Jedes Jahr würde so mit einem Sonntag beginnen und mit einem Samstag enden. Vielleicht ist ja ein Grund, daß es bislang in der Diskussion, die seit den dreißiger Jahren läuft, keine Einigung gab, daß dann der 1. Weihnachtstag immer auf einen Montag, also einen Arbeitstag, fällt.

Wunderkerze: Der einzige Feuerwerkskörper, der sich einen festen Platz im Weihnachtsritual vieler Familien erobert hat. Wunderkerzen sind eine Erfindung der zwanziger Jahre. Sie bestehen aus einem Kupferdraht, der mit einem Gemisch aus

Bariumnitrat, Eisen- und Aluminiumpulver, Dextrin und Kalk überzogen ist. Bei der langsamen und rauchlosen, grellweißen Verbrennung des Überzugs wird eine Wolke von in alle Richtungen stiebenden glühenden Funken freigesetzt. Da die Funken ganz rasch verglühen, ist Abbrennen auch in Innenräumen oder am Weihnachtsbaum unproblematisch und die Handhabung selbst für kleinere Kinder ungefährlich, was die große Beliebtheit des Mini-Feuerwerks bei ihnen erklärt.

Die Herstellung von Wunderkerzen ist recht aufwendig und erfolgt großenteils noch in Handarbeit. Abgemessene Stücke von geradem Kupferdraht werden – jeweils 400 zugleich – in einen Rahmen gesteckt und kopfüber in die mit Wasser zu einem zähen Brei verrührte Überzugsmischung getaucht, bis die erforderliche Schichtstärke erreicht ist. Die Wunderkerzen werden bei 40 °C einige Stunden getrocknet, dann erfolgt ein zweiter Tauchvorgang mit abermaliger Trocknung. Danach werden die Wunderkerzen aus den Rahmen gelöst, geprüft und verpackt.

Immer wieder versuchen die Hersteller (die meisten sitzen in Fernost, in Deutschland gibt es bloß noch einen), an dem Produkt etwas zu verbessern, das Design etwa oder die Haltevorrichtung. In letzter Zeit sind auch Wunderkerzen auf den Markt gekommen, die Funken in allen Regenbogenfarben versprühen. Nichts von alledem hat sich aber durchsetzen und den schlichten, silberfunkelnden Klassiker verdrängen können. Weihnachten ist halt das Fest, bei dem man am zähesten an liebgewordenen Traditionen festhält – auch wenn sie gerade mal 70 Jahre alt sind.

24

Zwölften: Die Tage von Weihnachten bis zum 6. Januar, die als Dauer des Weihnachtsfests auf der Synode von Tours 567 festgelegt wurden, die also eigentlich die Dreizehnten heißen müßten. Doch der Bezeichnung liegt die preußische Zählweise zugrunde, die erst mit dem zweiten Weihnachtstag anfängt. In Böhmen und Schlesien beginnen sie bereits am Luciatag, in Bayern am Thomastag (→ Losnächte) und in Teilen von Mecklenburg erst an Neujahr, in Oberösterreich dauern sie dagegen bis Valentin (14. 2.) und heißen »unter den Nachtn«. Anderswo gibt es auch die Bezeichnung »zwischen den Jahren«, was gleichfalls auf einen wenig präzisen Umgang mit dem → Kalender schließen läßt und zudem einen gewissen Höhepunkt umgangssprachlicher Unlogik darstellt.

Überall ist diese Zeit mit diversen Geboten und Verboten belegt, etwa, daß man dann keine Wäsche waschen (oder auch nicht seine Füße) und keine Hülsenfrüchte essen darf oder sich vom Spinnrad fernhalten soll. Diese teilweise recht kuriosen Vorschriften variieren sehr stark und können auch das genaue Gegenteil beinhalten (in Tirol beispielsweise ist es unbedingt erforderlich, an diesen Tagen neues Garn zu spinnen). Im Mittelalter waren Eheschließungen während der Zwölften kirchlich verboten. Wer in dieser Zeit geboren wurde, gilt häufig als Glückskind, andernorts aber auch als jemand, der Geister sieht und zum Werwolf wird. Die Nächte sind meist mit allerlei Spuk und Schabernack erfüllt (→ Rauhnächte), das schönste Denkmal hat ihnen William Shakespeare mit der Komödie »Was ihr wollt« gesetzt, die im Original »Twelfth Night« heißt.

Eine besondere Bedeutung haben die Zwölften als Lostage, an denen der »Kalender gemacht« wird: So wie das Wetter an jedem dieser Tage ist, so wird der entsprechende Monat ausfallen. Der dreizehnte Tag, der 6. Januar, entscheidet dann, ob die Wettervorhersage auch Gültigkeit hat: Ist er trocken, stimmt sie, fällt jedoch Regen oder Schnee, ist sie verworfen worden. Diese Wettervorschau zum Jahreswechsel ist überall auf der Welt verbreitet. Bereits die Griechen kannten Dodekaeteridenlisten, die ihrerseits auf altorientalischen Jahresvoraussagen astrologischer Art basierten. Parallelen finden sich sowohl in China als auch in Belize. Auf Yukatan praktiziert man an den ersten zwölf Januartagen diese Vorschau, der 13. bis 24. Januar dient dann – in umgekehrter Reihenfolge – der Prüfung der Ergebnisse. Dieses System geht möglicherweise auf den Kalender der Maya zurück – aber in Polen benutzt man vom 13. bis zum 24. Dezember und vom 25. Dezember bis zum 5. Januar just dasselbe gegenläufige Verfahren.

Am wichtigsten dürften die Zwölften früher für das Gesinde gewesen sein, denn dann hatte es frei – die einzigen Ferien im gesamten Jahr.

Zygokaktus: Glieder- oder Weihnachtskaktus, botanisch *Zygocactus truncatus*, auch als *Schlumbergera truncata* oder – in älteren Nachschlagewerken – fälschlich als *Epiphyllum truncatum* bezeichnet, denn er gehört nicht zu den Epiphyllen, die auf den Blättern anderer Pflanzen leben, sondern wächst in Astgabeln, die mit dem Humus abgefallenen Laubs gefüllt sind. Da der Weihnachtskaktus eine Hängepflanze ist, wird er häufig als Kronenbäumchen auf andere Kakteen gepfropft. Dabei werden der Stamm sowie ein Glied des Zygokaktus jeweils schräg angeschnitten, die Schnittstellen aufeinandergelegt, mit einem Kaktusstachel zusammengesteckt und mit Bast umwickelt – eine Methode, die im Fachjargon als Kopulieren bezeichnet wird. Bei einer anderen Pfropfmethode wird die empfangende Pflanze oben eingekerbt, das Glied des Zygokaktus angespitzt und in die Spalte versenkt. Warum nicht dieses, sondern das erste Verfahren Kopulieren genannt wird, bleibt das Geheimnis der Fachleute.

Bereits 1812 wurde der im Osten von Brasilien beheimatete Zygokaktus nach Europa eingeführt und fand hier rasch Verbreitung, weil er in den ersten neun Monaten des Jahres für seine Verhältnisse relativ unproblematisch ist. Allerdings scheint er die menschliche Gesellschaft nicht sonderlich zu schätzen. Zuviel oder falsche Pflege kann er auf den Tod nicht leiden (was wörtlich zu nehmen ist) und »bedankt« sich mit dem Abwurf ganzer Glieder, bis bestenfalls nur noch ein trauriger Rest übrigbleibt. Am liebsten scheint es ihm zu sein, wenn man ihn in Ruhe läßt und im Sommer in den Garten stellt – vorausgesetzt, der Platz ist schattig und windgeschützt.

Ende September beginnt dann die kritische Zeit. Der Zygokaktus wird ins Haus geholt und kaum noch gegossen. Damit er seinem Namen Ehre macht und pünktlich zu Weihnachten blüht, darf er ab Mitte Oktober sechs Wochen lang pro Tag nur noch höchstens acht bis zehn Stunden lang Licht bekommen. Sobald sich die Knospen zeigen, wird wieder gegossen und am besten auch täglich leicht eingesprüht, letzteres allerdings nur, bis sich die Knospen strecken, danach dürfen sie nicht mehr naß werden. Und vor allem darf man den Weihnachtskaktus, sobald sich die ersten Ansätze der Knospen zeigen, auf keinen Fall mehr umstellen oder auch nur ein bißchen drehen. Das schockiert ihn derartig, daß er auf der Stelle sämtliche Blüten abwirft.

Man muß also schon früh planen, wo man seine Blüten im Dezember genießen will. Ein Wohnraum ist ihm jetzt genehm, denn in der Blühphase bevorzugt er Temperaturen um 20 °C. Doch auch da macht er es den Menschen nicht einfach. Lüften sollte man den Raum tunlichst nicht durch das Fenster, in dessen Nähe er steht, und so etwas wie Fensterputzen am besten gleich vergessen. Lästig ist auch, daß er in den sechs Wochen mit strenger Lichtreglementierung abgedeckt werden muß, sobald man abends eine Glühbirne einschalten will.

Hält man sich nicht genau an alle Bedürfnisse des sensiblen Mitbewohners, verweigert er erbarmungslos seine Blütenpracht. Vielleicht ist das der Grund, warum er in letzter Zeit bei Stadtmenschen doch ein bißchen aus der Mode gekommen ist – an der Optik zufriedener Exemplare kann es jedenfalls kaum liegen, denn die bis zu 8 cm langen Blüten, die es mitt-

Zyzolotl: mysteriöse aztekische Weihnachtsgottheiten

lerweile nicht nur in Pink, sondern auch in Rot, Orange, Gelb und Weiß gibt, sind wahrlich eine Augenweide.

Es gibt jedoch Ignoranten, die keinerlei hobbygärtnerische Fachbücher lesen, ihrem Weihnachtskaktus (oder dem gleichermaßen sensiblen Weihnachtsstern, → Poinsettie) einfach die kalte Schulter zeigen, die Zentralheizung aufdrehen, rund um die Uhr das Licht brennen haben, das Gießen vergessen, dann drei Tage lang wie blöd wässern und so weiter – und dennoch mit den allerschönsten Blüten belohnt werden. Geredet haben sie mit der Pflanze auch nicht. Die Wissenschaft steht vor einem Rätsel.

Zyzolotl: Aztekische Weihnachtsgottheiten. Frei erfunden, um alphabetisch sortierte Nachschlagewerke zur Vorweihnachtszeit nicht mit dem Zygokaktus beenden zu müssen, sondern den Leserinnen und Lesern zum Schluß wünschen zu können:

Frohes Fest!

Danksagung

Für wissenschaftliche Auskünfte, fachlicheBeratung und sonstige Hilfestellungen danke ich Michael Baumann, Birgit Brandau, Ilse Brandau, Jürgen Dahl, Christian Doelker, Max Domeier, Dorle Eberwein, Christian Fjelle, Silvia Hartmann, Gerhard Hellwig, Jürgen Klaus, Ursula Maunz, Peter Mertz, Sibylle Mulot, Ulrich Spalthoff, Herrn Wolf von der Eppsteiner Stanniolfabrik sowie den stets hilfbereiten Damen von der Stadtbücherei Stuttgart-Ost.

Entschuldigen muß ich mich bei den Koboldmakis, deren Abbildung ich »Brehms's Thierleben« von 1876 entnahm und als die zweier Zyzolotl einschmuggelte.

Bliebe noch das Lateinrätsel vom Ende des Fidibus-Eintrags aufzulösen. Der Trick besteht darin, einfach ohne Sinn und Verstand Wort für Wort zu übersetzen: »Ein – Feuer – wer – Mann – viel – vom – wagen – und – rief – o – mein – hindern.« Wer's immer noch nicht begriffen hat, liest sich den Satz laut vor.

Jetzt mache ich aber Schluß mit dem Kalauern, liebe wissenschaftlich interessierte Leserinnen und Leser, ehrlich, da können Sie lauern, bis Sie kahl sind!

Hartmut Schickert

Literatur

Asimov, Isaac: Das Wissen unserer Welt. Erfindungen und Entdeckungen vom Ursprung bis zur Neuzeit. München: C. Bertelsmann 1991

Aveni, Anthony: Rhythmen des Lebens. Eine Kulturgeschichte der Zeit. Stuttgart: Klett-Cotta 1991

Bächtold-Stäubli, Hanns, und Eduard Hoffmann-Krayer (Hgg.): Handwörterbuch des deutschen Aberglaubens. Band 4, 5, 6, 9. Berlin, New York: Walter de Gruyter 1987. Band 7. Berlin und Leipzig: Walter de Gruyter 1935/1936.

Baratta, Mario von (Hg.): Der Fischer Weltalmanach 1996. Frankfurt am Main: Fischer 1995

Bartos-Höppner, Barbara: Weihnachts-ABC. Bayreuth: Loewes Verlag 1982

Beckerath, Jürgen von: Das Kalendarium des Papyrus Ebers und die Chronologie des ägyptischen Neuen Reiches. Gegenwärtiger Stand der Frage. In: Ägypten und Levante. Zeitschrift für ägyptische Archäologie und deren Nachbargebiete. Band III, S. 23–27. Wien: Verlag der österreichischen Akademie der Wissenschaften 1992

Bibel, Die. Einheitsübersetzung. Freiburg, Basel, Wien: Herder 1980

Brackmann, Karl-Heinz, und Renate Birkenhauer: NS-Deutsch. »Selbstverständliche« Begriffe und Schlagwörter aus der Zeit des Nationalsozialismus. Straelen/Niederrhein: Straelener Manuskripte Verlag 1988

Brandau, Birgit: Troia. Eine Stadt und ihr Mythos. Die neuesten Entdeckungen. Bergisch Gladbach: Gustav Lübbe 1997

Briggs, John, und F. David Peat: Die Entstehung des Chaos. Eine Reise durch die Chaos-Theorie. München: Carl Hanser 1990

Brockhaus Enzyklopädie in vierundzwanzig Bänden. 19., neu bearbeitete Auflage. Mannheim: F. A. Brockhaus 1990

Calvin, William H.: Der Strom, der bergauf fließt. Eine Reise durch die Evolution. München: Carl Hanser 1994

Calvin, William H.: Wie der Schamane den Mond stahl. Auf der Suche nach dem Wissen der Steinzeit. München: Carl Hanser 1996

Calvin, William H.: Der Schritt aus der Kälte. Klimakatastrophen und die Entwicklung menschlicher Intelligenz. München: Carl Hanser 1997

Calvin, William H., und George A. Ojemann: Einsicht ins Gehirn. Wie Denken und Sprache entstehen. München: Carl Hanser 1995

Calvocoressi, Peter: Who's who in der Bibel. München: Deutscher Taschenbuch Verlag 1990

Cullmann, Oscar: Die Entstehung des Weihnachtsfestes und die Herkunft des Weihnachtsbaumes. Stuttgart: Quell 1990

Dahl, Jürgen: Nachrichten aus dem Garten. Praktisches, Nachdenkliches und Widersetzliches – aus einem Garten für alle Gärten. Stuttgart: Klett-Cotta 1987

Dorsch, Friedrich: Psychologisches Wörterbuch. 9., neubearbeitete Auflage. Bern, Stuttgart, Wien: Hans Huber 1976

dtv-Lexikon in 20 Bänden (Taschenbuchausgabe nach Brockhaus). München: Deutscher Taschenbuch Verlag 1970 und 1992

Durant, Will: Kulturgeschichte der Menschheit. Band 5: Weltreiche des Glaubens. Band 6: Das frühe Mittelalter. Frankfurt am Main, Berlin, Wien: Ullstein 1981

Eggebrecht, Arne (Hg.): Das Alte Ägypten. München: C. Bertelsmann 1984

Etymologisches Wörterbuch des Deutschen. München: Deutscher Taschenbuch Verlag 1995

Ferrari d'Occhieppo, Konradin: Der Stern von Bethlehem in astronomischer Sicht. Gießen 1994

Fink, Gerhard: Who's who in der antiken Mythologie. München: Deutscher Taschenbuch Verlag 1993

Finley, Moses I.: Die antike Wirtschaft. 3. Auflage. München: Deutscher Taschenbuch Verlag 1993

Fischer, Ernst Peter: Aristoteles & Co. München, Zürich: Piper 1996

Fischer, Ferdy: Advent und Weihnachten feiern mit Kindern. Düsseldorf: Patmos 1996

Frankfurter Allgemeine Zeitung: 13.12.1997, 24.12.1996, 6.1. 1997, 20.2.1997, 25.2.1997, 7.5. 1997, 28.5.1997, 4.6.1997, 9.7.1997, 30.7.1997, 7.8.1997

Gill, Anton: A Dance between Flames. Berlin between the Wars. London: John Murray 1993.

Glass, Don: What's what? Naturwissenschaftliche Plaudereien. München: Deutscher Taschenbuch Verlag 1995

Goethe, Johann Wolfgang: Die Leiden des jungen Werther. Weimarer Ausgabe, 19. Band. Weimar: Hermann Böhlaus Nachfolger 1899. Fotomechanischer Nachdruck München: Deutscher Taschenbuch Verlag 1987

Grant, Michael, und John Hazel: Lexikon der antiken Mythen und Gestalten. München: Deutscher Taschenbuch Verlag 1980

Große Weihnachtsbuch, Das. München: Mosaik 1992

Harris, Marvin: Kannibalen und Könige. Die Wachstumsgrenzen der Hochkulturen. Stuttgart: Klett-Cotta 1990

Harris, Marvin: Menschen. Wie wir wurden, was wir sind. Stuttgart: Klett-Cotta 1991

Herrmann, Joachim: dtv-Atlas zur Astronomie. 10., neubearbeitete Auflage. München: Deutscher Taschenbuch Verlag 1990

Hobhouse, Henry: Fünf Pflanzen verändern die Welt. Stuttgart: Klett-Cotta 1987

Höfer, Josef, und Karl Rahner: Lexikon für Theologie und Kirche. Band 7. 2., neubearbeitete Auflage. Freiburg: Herder 1962. Band 8. 2., neubearbeitete

Auflage. Freiburg: Herder 1963. Band 10. 2., neubearbeitete Auflage. Freiburg: Herder 1965.
Hollemann, A. F., und Egon Wiberg: Lehrbuch der anorganischen Chemie. 47.–56. Auflage. Berlin: Walter de Gruyter 1960
Howatson, M. C. (Hg.): Reclams Lexikon der Antike. Stuttgart: Reclam 1996
Kiesel, Notger (Hg.): Zimmerpflanzen. Frankfurt am Main: Falken o. J.
Kinder, Hermann, und Werner Hilgemann: dtv-Atlas zur Weltgeschichte. Band 1. 26. Auflage. München: Deutscher Taschenbuch Verlag 1992
Kindlers Literaturlexikon. 25 Bände. München: Deutscher Taschenbuch Verlag 1974
Koesen, W., und J. C. van Keppel: Das große Buch der Kakteen und Sukkulenten. München: Mosaik 1977
Krämer, Walter, und Götz Tränkler: Das Lexikon der populären Irrtümer. Frankfurt am Main: Eichborn 1996
Lehmann, Hedi: Volksbrauch im Jahreslauf. München: Heimeran 1964
Lexikon für Theologie und Kirche. Band 1. Freiburg, Basel, Rom, Wien: Herder 1993. Band 2. Freiburg, Basel, Rom, Wien: Herder 1994. Band 5. Freiburg, Basel, Rom, Wien: Herder 1996.
Mehling, Marianne: Die schönsten Weihnachtsbräuche. München/Zürich: Droemer Knaur 1980
Meyers Lexikon Technik und exakte Naturwissenschaften. Band 1–3. Mannheim: Bibliographisches Institut 1969
Neuburger, Albert: Die Technik des Altertums. Leipzig: R. Voigtländer 1929. Faksimile-Ausgabe Wiesbaden: Fourier 1986
Neue Brockhaus, Der. 5 Bände. 3. Auflage. Wiesbaden: F. A. Brockhaus 1959
Panati, Charles: Universalgeschichte der ganz gewöhnlichen Dinge. Frankfurt am Main: Eichborn 1995
Ploetz, Karl Julius, u. a.: Der große Ploetz. 31. Auflage. Freiburg und Würzburg: Verlag Ploetz 1991
Prause, Gerhard: Tratschkes Lexikon für Besserwisser. München: Deutscher Taschenbuch Verlag 1986
Ritchie, David: Gehirn und Computer. Die Evolution einer neuen Intelligenz. Stuttgart: Klett-Cotta 1984
S-TRIP: Nr. 7/25.6.1997
Scheck, Denis: King Kong, Spock & Drella. Amerikanisches TriviaLexikon. Straelen: Straelener Manuskripte Verlag 1993
Schliemann, Heinrich: Ilios. Stadt und Land der Trojaner. Forschungen und Entdeckungen in der Troas und besonders auf der Baustelle von Troja. Mit einer Selbstbiographie des Verfassers. Leipzig: F. A. Brockhaus 1881
Sill, Gertrude Grace: A Handbook of Symbols in Christian Art. New York: Macmillan 1975
Sonntag aktuell: 27.2.1994, 1.12.1996, 8.12.1996, 22.12.1996, 9.2.1997, 6.7.1997
Spiegel, Der: Nr. 52/23.12.1996, Nr. 14/31.3.1997

Stadler, Edmund: Das abendländische Theater in Altertum und Mittelalter. In: Martin Hürlimann (Hg.): Das Atlantisbuch des Theaters. Zürich/Freiburg i. Br.: Atlantis 1966
Stein, Werner: Kulturfahrplan. München, Berlin, Wien: F. A. Herbig 1976
stern: Nr. 49/28.11.1996
Stille, Eva: Christbaumschmuck. 2., durchgesehene Auflage. Nürnberg: Hans Carl 1985
Strelocke, Hans: Ägypten. Köln: DuMont 1976
Stuttgarter Zeitung: 6.12.1996, 9.12.1996, 20.12.1996, 21.12.1996, 24.12.1996, 27.12.1996, 3.1.1997, 9.1.1997, 8.3. 1997, 14.2.1997, 25.2.1997, 28.2.1997, 24.5.1997
Time: 9.6.1997
Treumann, Rudolf: Die Elemente. Feuer, Erde, Luft und Wasser in Mythos und Wissenschaft. München: Carl Hanser 1994
Vaucher, Hugues: Bäume. Stuttgart und Zürich: Belser 1980
Vercoutter, Jean: Ägypten – Entdeckung einer alten Welt. Ravensburg: Otto Maier 1990
Vogel, Günter, und Hartmut Angermann: dtv-Atlas zur Biologie. 3 Bände. 9. Auflage. München: Deutscher Taschenbuch Verlag 1996
Wagner Hermann: Deutsche Flora. 2. Auflage, bearbeitet von August Garcke. Stuttgart: Julius Hoffmann 1882
Walzer, Albert: Schwäbische Weihnachtskrippen aus der Barockzeit. Konstanz: Jan Thorbecke 1960
Weber-Kellermann, Ingeborg: Das Buch der Weihnachtslieder. Mainz: B. Schott's Söhne 1982
Weber-Kellermann, Ingeborg: Das Weihnachtsfest. Luzern und Frankfurt/M.: C. J. Bucher 1978
Weber-Kellermann, Ingeborg: Saure Wochen, frohe Feste. München und Luzern: C. J. Bucher 1985
Werra Rundschau: 24.12.1996
Wie funktioniert das? Die Technik im Leben von heute. 2., vollständig überarbeitete Auflage. Mannheim/Wien/Zürich: Bibliographisches Institut Meyers Lexikonverlag 1978
Wiegand, E., und M. Schinnagel (Hgg.): Das große Buch des Wissens. Stuttgart: Fackelverlag 1956
Wörterbuch der Medizin, Zahnheilkunde und Grenzgebiete/ Zetkin-Schaldach. Hg. v. Heinz David. Stuttgart: Thieme 1985
Wörterbuch der Mythologie. Hg. v. Hans Wilhelm Haussig. Bd. I: Götter und Mythen im Vorderen Orient. Stuttgart: Ernst Klett 1965. Bd. IV: Götter und Mythen der kaukasischen und iranischen Völker. Stuttgart: Klett-Cotta 1986
Ziegler, Konrat, und Walther Sontheimer (Hgg.): Der kleine Pauly. Lexikon der Antike. München: Alfred Druckenmüller 1972
Züri Extra. In: annabelle Nr. 23/21.11.1989

Hermann Feuersee

Der kulinarische Weihnachtsbegleiter

158 Seiten mit Illustrationen von Almud Kunert. Serie Piper

Wer weiß schon wirklich genau, wie Zitronat, Orangeat und Sultaninen hergestellt werden, und wer kann Hutzel-, Klötzen-, Magen- und sonstige Brote auseinanderhalten, geschweige denn sie selbst bakken? Hermann Feuersee stellt in diesem vergnüglichen, Lust und Laune machenden Weihnachtsbegleiter der besonderen Art nicht nur leckere Rezepte vor, sondern alles Wissens- und Erwähnenswerte aus der Advents- und Weihnachtsküche.

05/1228/02/L

Ludwig Thoma

Heilige Nacht

Eine Weihnachtslegende. 63 Seiten mit Zeichnungen von Wilhelm Schulz. Serie Piper

»Es mag mir vielleicht als Rührseligkeit ausgelegt werden, wenn ich gestehe, daß ich die ›Heilige Nacht‹ beim Lesen so empfinde, als säße ich als Kind wieder daheim in der warmen Stube und sähe all das Göttliche dieser Legende so menschlich und geheimnisvoll, als wär's etwas, das jedem von uns geschehen könnte.«

Oskar Maria Graf

05/1230/01/R

SERIE PIPER

Dietmar Bittrich

Die Weihnachtsgeschichte der Gummibärchen

63 Seiten mit farbigen Illustrationen von Anneke Larsmeyer und Sascha Teßmann. Serie Piper

Das Marienbärchen und das Josefsbärchen müssen sich aufmachen in die große Stadt. Denn alle Bärchen sollen gezählt werden. Da hilft es nichts, dass das Marienbärchen schwanger ist, der Esel nicht gut tragen kann und das Josefsbärchen vergessen hat, rechtzeitig ein Hotel zu buchen. Sie müssen los. Und sie erleben Abenteuer …

Dietmar Bittrich hat die Weihnachtsgeschichte mit humorvoller Weisheit neu geschrieben. Die Bilder voller Witz und Anmut haben Anneke Larsmeyer und Sascha Teßmann gezeichnet. Ein Geschenkbuch für Kinder und Erwachsene – freundlich und lustig wie die Gummibärchen selbst.

05/1510/01/L

Alles Lametta

Autoren feiern das Fest der Liebe. Herausgegeben von Susann Rehlein. 298 Seiten. Serie Piper

»Das war schon eine seltsame Sitte, sich selbst Geschenke auszusuchen und sie dann von einem Wildfremden vorbeibringen zu lassen. Aber wenn die Leute das ganze Jahr über pervers waren, warum nicht auch zu Weihnachten?«
Radek Knapp

Weihnachten? Alles wie immer: zäher Braten, Familienstreit und jede Menge Lametta. Einunddreißig junge deutsche Autoren von Stefan Beuse, Alex Capus, John von Düffel, Frank Goosen über Georg Klein, Annette Pehnt, Christoph Peters bis Peter Stamm und Antje Rávic Strubel werfen den etwas anderen Blick auf das Fest der Liebe.

05/1520/01/R